AF460393

LES

MÉDAILLEURS FRANÇAIS

PUBLIÉ

SOUS LE PATRONAGE

DE LA SOCIÉTÉ DE PROPAGATION

DES LIVRES D'ART

1897

TYPOGRAPHIE FIRMIN-DIDOT ET Cie. — MESNIL (EURE).

ROGER MARX

LES

MÉDAILLEURS FRANÇAIS

DEPUIS 1789

NOTICE HISTORIQUE

SUIVIE DE DOCUMENTS SUR LA GLYPTIQUE AU DIX-NEUVIÈME SIÈCLE

PARIS

SOCIÉTÉ DE PROPAGATION DES LIVRES D'ART

Siège social : Cercle de la Librairie

117, BOULEVARD SAINT-GERMAIN, 117

1897

Œuvres de Dupré, N. M. Gatteaux, B. Duvivier, Andrieu,
Domard, Galle, Bovy, J. J. Barre.

Depuis trente ans, l'art de la médaille s'est transformé. Le public et la critique, presque entière, se sont d'abord montrés indifférents à cette renaissance. Il semblait que la glyptique eût, elle aussi, à souffrir du préjugé qui englobait, dans un commun mépris, tous les arts d'application. Cependant, à force de chefs-d'œuvre, les médailleurs ont conquis dans les Salons et les musées le droit à la lumière. Lors de l'Exposition universelle de 1889, la création d'une section centennale a permis d'opposer le présent au passé et d'embrasser, dans un regard unique, l'évolution de la glyptique au dix-neuvième siècle. C'est à cette date et à cette occasion que fut écrite la présente notice; son caractère primitif d'exposé succinct n'a pas été modifié; elle se trouve seulement mise à jour, accompagnée de notes, puis suivie de quelques documents historiques et d'indications destinées à guider les

amateurs de médailles modernes. Si, par aventure, la faveur venait à accueillir cet essai, d'autres publications en offriraient le développement. Du nombre et de la sympathie des lecteurs on pourrait encore inférer si l'heure n'est pas venue, pour les amis de la médaille, de viser à la même action utile qu'exerce, pour le burin, la Société française de gravure, *et de s'unir pour encourager, par des commandes collectives et périodiques, un art tout de clarté, de logique, de concision, auquel savent spécialement répondre les qualités distinctives du génie national.*

LES MÉDAILLEURS FRANÇAIS

DEPUIS 1789

« *Je désire que des médailles soient frappées pour tous les événemens glorieux ou heureux déjà arrivés et qui arriveront à la République, et cela à l'imitation des Grecs et des Romains, qui, par leurs suites métalliques, ont non seulement donné la connaissance des événements remarquables, celle des grands hommes, mais encore celle du progrès de leur art* (1). »

Quand il parle de la sorte à la Convention nationale, le 26 octobre 1792, Louis David ne fait en aucune manière acte de novateur. La liberté de la frappe aidant, l'usage s'était

(1) *Gazette nationale* du 28 octobre 1792, p. 1276.

Héliog. Fillon & Heuse. Imp. Paul Moglia

MÉDAILLES de OUDINÉ (1,2,3) de MM PONSCARME (4,5,6) TASSET (7,8,9) A. DUBOIS (10,11) et LAGRANGE (12)

établi; l'initiative privée avait devancé dans sa réalisation le vœu émis du haut de la tribune... (1).

Dès que la Révolution commence son œuvre et à mesure qu'elle l'accomplit, c'est, de la part des villes, des assemblées, des particuliers, une fièvre de mettre à tous propos, sous tous prétextes, l'actualité en médailles; au creuset on jette les verrous de la Bastille, les cloches des couvents supprimés; le temps passe, les ressources s'épuisent et l'élan n'admet l'entrave d'aucun dénûment; un même espoir exalte les esprits : « La Victoire fournira le bronze. » Au reste, cuivre, étain ou plomb, tout métal vaut s'il peut recevoir une empreinte où l'instinct populaire marquera, pour la répandre à des exemplaires sans nombre, sa profession de foi; et voici, à côté de l'estampe, une imagerie sculptée non moins parlante aux yeux, à côté du journal, un instrument de combat, de propagande puissant, continu et divers, à la façon d'un pamphlet quotidien. Beaucoup à cette heure s'improvisent médailleurs auxquels n'a jamais été enseignée la conduite du burin. A exami-

(1) Voir sur la gravure en médailles au XIXe siècle : *Revue numismatique et Gazette numismatique française : Trésor de numismatique, etc.*, 9 vol. in-folio, 1834-49; *La Gravure en médailles en France*, par Mercey, *Revue des Deux-Mondes*, t. XIV, 1852, p. 401; *Histoire de la gravure des monnaies, médailles et pierres fines en France*, mémoire par d'Escamps, ch. VI (prix Bordin, 1862), Archives de l'Institut; *Monnaies et médailles*, par Fr. Lenormant, in-8°, s. d., p. 301-311, et p. 316-317; *L'École moderne de médailleurs français*, par Ph. Gille, *Revue encyclopédique*, 1892, col. 411-418; *Cent ans de numismatique française*, 2 vol. in-fol., 1893-95; *Medals and medallions of the nineteenth century... by foreign artists*, by F. Parkes Weber, London, in-8°, 1894; *Die Wiedererweckung der Medaille*, von Alfred Lichtwark, *Pan*, 1895, p. 34-40, et 1896, p. 311-318.

Consulter spécialement sur la médaille pendant la Révolution : *Histoire numismatique de la Révolution française*, par Hennin, 2 vol. in-4°, 1826; *Histoire de l'art pendant la Révolution*, par Jules Renouvier, 2 vol. in-8°, 1863; *L'Art pendant la Révolution*, par Spire Blondel, in-8°, s. d., p. 145-152, etc.

ner leurs créations, tracées de premier jet, d'une main ignorante, malhabile, on se prend à sourire devant cette expressivité si outrée qu'elle confine à la caricature; mais avec quelle netteté la pensée se fait jour, et comme notre tempérament national, avide de clarté et de franchise, se reconnaît et s'atteste en ces effigies naïves et vraiment éloquentes! Sur le revers court, au milieu d'attributs révolutionnaires ou bien à leur entour, une devise écrite en dépit du beau langage, sans souci de l'orthographe, dans un idiome plébéien, — une devise brève comme une menace, fière comme un cri de délivrance; à l'avers se voient Lafayette, Necker, Bailly, Mirabeau, à l'instant de leur vogue, ou le Père Duchesne; plus souvent encore quelque saisissante composition, inspirée des souffrances du peuple, de son besoin d'équité, du spectacle de ses épreuves, rappelle l'écrasement du tiers ordre, le débat du paysan avec la mort, puis les luttes contre les grands et l'étranger, les batailles, les conquêtes successives : le *Siège de la Bastille par les bourgeois et les braves gardes françoises,* la Fédération de 1790, la Régénération, l'Événement du 10 août 1792, la Fête de l'Être suprême, les victoires de nos armées, n'est-ce pas dire la chronique au jour le jour de la première République?

Le Réveil du Tiers État.
Médaille révolutionnaire anonyme.

A cette vivante illustration de l'histoire avaient collaboré les ci-devant graveurs du roi, que la Révolution surprenait en plein épanouissement de la renommée, et qu'elle troublait dans leurs habitudes d'esprit comme dans leur mode de travail. Tout à l'heure ils s'attardaient, avec d'exquises caresses de burin, à célébrer les rosières, la vertu, à conter par le menu l'existence de Louis XVI, les découvertes, les entreprises, le premier or trouvé dans les mines d'Allemont, la construction du canal du Centre, l'invention des aérostats par MM. de Montgolfier... Maintenant, plus d'œuvres mûries à loisir, plus de tranquilles images de l'oisiveté royale, plus de sujets à la Greuze, — *La Bonne Mère, Le Bon Chef de famille, Le Cultivateur laborieux,* — chers à la vieillesse sentimentale d'un siècle corrompu. On exigeait d'eux le souvenir hâtif des épisodes multiples de l'agitation contemporaine, la figuration des rues, des places avec la houle des foules en mouvement; on leur demandait de revenir à l'antique, d'abandonner le style qui avait marqué par l'entente de l'arrangement et le naturel de l'élégance la médaille française au cours du XVIIIe siècle. Besogne ardue que de se plier à la tendance nouvelle! Plus d'un y échoue, et, malgré sa volonté et son savoir, Benjamin Duvivier (1) le premier. Dans *L'Arrivée du roi à Paris* se trouve bien l'ingéniosité ordinaire à dégrader les reliefs, à unir les silhouettes de premier plan aux fonds délicats à peine indiqués; mais rien n'est à retenir des créations républicaines

L'Arrivée du roi à Paris (face et revers), par Benjamin Duvivier.

(1) Voir *Notice historique sur la vie et les ouvrages de Benjamin Duvivier*, par Quatremère de Quincy (1821).

de Duvivier; il s'est égaré, abdiqué, et seuls le peuvent montrer en possession de lui-même les précieux portraits dans lesquels le graveur, revenu à la manière d'antan, détermine la condition par le costume et atteint à la vie souriante et pleine par l'accentuation du modelé précis, fouillé comme en certain buste de Caffieri ou de Houdon.

Pour n'avoir point modifié au goût du jour sa poétique, il en coûtait à Duvivier sa charge et son titre de graveur général des monnaies. Augustin Dupré (1), qu'on lui préférait, en 1791, à la suite d'un concours, allait, à l'opposé, placer son ambition à revêtir d'amabilité le symbolisme révolutionnaire et se rapprocher de Prud'hon par la réussite de son entreprise. Gracilisant l'antique et antiquant la grâce, s'inspirant de la société contemporaine jusqu'à faire du profil de Mme Récamier le type monétaire de la Liberté, pittoresque et clair dans le groupement des emblèmes les plus disparates comme dans l'agencement de scènes microscopiques, compliquées à plaisir, rival de Duvivier pour

Jonction souterraine de l'Escaut et de la Somme, par Augustin Dupré.

(1) Voir *Notice sur la vie et les ouvrages d'Augustin Dupré*, par Charles Blanc (1870); *Augustin Dupré and his work for Amerika*, par Appleton (1890), et surtout l'ouvrage définitif de Charles Saunier : *Augustin Dupré, orfèvre, médailleur et graveur général des monnaies*, édité par la Société de propagation des livres d'art en 1894.

le portrait, tel est le graveur auquel la Révolution doit l'écu à l'Hercule, puis la pièce d'or avec le Génie de la Constitution. Et tandis que s'exerce et prédomine déjà l'influence davidienne, Nicolas-Marie Gatteaux (1), l'auteur inattendu de cet *Abandon des privilèges* dont l'ordonnance simple appelle l'agrandissement du bas-relief, et le portraitiste du gouverneur Éliot, J.-P. Droz (2), demeurent les derniers artistes de transition hantés par le ressouvenir des doctrines décoratives du siècle de Watteau et préoccupés des vérités de nature. Au concours de l'an III, Rambert Dumarest (3) l'emporte avec une image de Brutus inspirée de l'antique, franchement, sans réticence; bientôt l'Empire est proclamé, et c'en est fait pour longtemps de la tradition française, du charme, de la grâce et de l'esprit.

Portrait de G.-A. Éliot, par J.-P. Droz.

Junius Brutus, par Dumarest.

Jamais cependant encouragements pareils n'étaient venus de si haut. Un prix de Rome est fondé à l'intention des graveurs en médailles (4); on leur attribue deux sièges à l'Institut (5) dès sa création et trois récompenses dans les concours pour

(1) Voir *N.-M. Gatteaux*, par Miel, in-12, 1832.

(2) Voir *Notice sur diverses inventions de feu J.-P. Droz*, par C.-P. Molard, petit in-4°, s. d.

(3) Voir sur Rambert Dumarest la notice nécrologique de Le Breton.

(4) Voir Documents annexes I et II, p. 35 et suiv., et les *Grands prix de Rome*, par Ch. Saunier, in-8°, 1896, p. 38 et suiv.

(5) Les graveurs en médailles ayant appartenu ou appartenant à l'Institut sont, à la fondation (1803) : R. Dumarest et R.-V. Jeuffroy; puis Benjamin

les prix décennaux (1); l'atelier des monnaies se rouvre et les travaux affluent en si belle abondance que les ouvriers de France ne peuvent suffire et que l'étranger même, l'Italie, l'Allemagne s'emploient à la gloire impériale. L'histoire métallique de Napoléon Ier, quatre vitrines du musée monétaire l'étalent au complet, quatre vitrines emplies et d'un examen pénible, tant l'art, asservi à l'imitation gréco-romaine et à l'inspiration de Vivant-Denon, y paraît dépourvu d'individualité (2). Au bas de ces effigies, étagées en rangs pressés, où le visage de Bonaparte emprunte les traits de César, un à un, à mesure que grandissent et la fortune de l'empereur et l'autorité de David, des signatures Brenet, Tiolier, Jeuffroy, Jaley, se

Matthew Doulton, par Galle.

Duvivier, élu en 1806; André Galle, élu en 1819; J.-E. Gatteaux, élu en 1845; Chaplain, élu en 1881, et O. Roty, élu en 1888.

(1) «... Trois grands prix de deuxième classe devaient récompenser les trois meilleurs ouvrages de gravure en taille-douce, en médailles et sur pierres fines » (décret du 24 fructidor an XII, inséré au *Moniteur* du 15 vendémiaire an XIII). — Les trois prix furent attribués à Rambert Dumarest, à Galle et à Jeuffroy; de plus, Andrieu se vit décerner une mention « très distinguée »; les ouvrages de Brenet, Droz et Gatteaux furent cités avec éloges. Voir *Rapport du jury pour le jugement des prix décennaux*, 1810, in-4°, p. 171-173. — Plusieurs des médailles présentées au concours sont reproduites dans l'ouvrage de Landon: *Recueil des ouvrages de peinture, sculpture, architecture, gravure en taille-douce, en médailles et en pierres fines, cités dans le rapport du jury sur les prix décennaux*, in-8°, 1810.

(2) « L'allégorie abstraite, avec son cortège traditionnel de vertus personnifiées, n'obtient qu'une place secondaire..... L'imitation de modèles antiques est, au contraire, fréquente : la médaille de la *Reprise des drapeaux français*

lisent, et plus fréquentes celles de Bertrand Andrieu (1) et de Galle (2), passés sans conteste au rang de maîtres. A entendre Miel, Andrieu, avec sa facilité à traiter mille sujets, doit même être tenu pour chef d'école. Ne raillons pas des illusions que rend plausibles l'importance d'une œuvre variée à l'infini. Andrieu, seul de ses contemporains, n'incise que ses propres modèles; il est instruit, si ingénieux que pour figurer, suivant la convention de l'époque, la découverte de la vaccine, il montrera Esculape secourant la Vénus de Médicis; et sa dévotion à l'antiquité ne le laisse que par exception prendre conseil de la nature et témoigner d'une sincérité qui rend telles de ses médailles précieuses pour le réel de l'observation, renseignantes par le vrai du costume et de l'ameublement. Chez Galle, point de ces rencontres heureuses, sauf en ses portraits; ailleurs le pastiche, joint à la pauvreté du goût, aboutit à une uniforme banalité. Jusqu'à l'extrême vieillesse, il reste le ciseleur de boutons de ses débuts, l'ouvrier impec-

conservés à l'arsenal d'Innsbruck est une copie de la médaille de Germanicus relative au recouvrement des enseignes de Varus. La filiation est quelquefois moins directe et se manifeste seulement dans le sentiment général de la conception, dans l'allusion et dans le costume... Parfois le style numismatique atteint l'extrême du *système idéal*. Ainsi, la médaille d'*Iéna* montre Napoléon costumé à l'antique, à cheval et brandissant la foudre. Celle de la *Prise de Vienne* le dépeint en Hercule appuyé sur sa massue, celle de *Friedland* en Mars remettant son épée au fourreau, celle du *Passage du Mont Saint-Bernard* en Jupiter foudroyant les rochers... » — *L'Art français sous la Révolution et l'Empire*, par François Benoît, in-4°, 1897, p. 411-412. Voir aussi : sur les graveurs de la Révolution et de l'Empire, le même ouvrage, p. 374-377 et 424, et *Rapport sur les Beaux-Arts*, par Le Breton, in-4°, 1808; puis, sur le rôle de Vivant-Denon comme directeur de la Monnaie, *L'Œuvre originale de Vivant-Denon*, par A. de la Fizelière, 1873, in-folio, t. I, p. 51 et suiv.

(1) Voir *Andrieu, graveur en médailles*, par M. Edmond Johanet, *L'Art*, 1883, t. XXXIV, p. 221-233.

(2) Voir, sur Galle, *Magasin encyclopédique*, 1815, t. V, p. 214.

Héliog. Fillon & Heuse

PLAQUETTE et MÉDAILLES de M. CHAPLAIN

cable qui ne s'épargne aucun détail et dont l'outil, merveilleusement adroit à consigner les minusculités en apparence insaisissables, désespérera la patience et l'envie des graveurs à venir.

L'état d'abaissement de la glyptique jusqu'aux dernières années de la Restauration, mieux que le retrait (1) d'un des sièges de l'Institut, cette apothéose de la virtuosité le dénonce. De père en fils, à travers la succession des générations, le burin continue à se transmettre, mais sans vocation héréditaire, comme un métier de rapport qui ne requiert que l'habitude manuelle. Accepter le rôle d'interprète impersonnel de la pensée d'autrui est, on le sait, l'usage commun. Quant aux rares compositions originales, conçues dans l'esprit de la statuaire dont la gravure en médailles toujours partage et suit les destinées, elles appartiennent à ce style équivoque où l'étude hésitante de la nature se vient ajouter à l'affectation du sentiment antique, et, partant, ne savent point nous attraire. Même après 1830, on croirait à jamais reculé le terme de la décadence, n'était l'indice de tentatives opposées, diverses, sans lien : l'ironique fidélité des portraits de la famille d'Orléans par J.-J. Barre, contrastant avec la philosophie idéale des allégories de Domard; la réaction romantique et la découverte de la terre de France par l'école de paysage suggérant à Bovy la passion du mouvement, la notation des lointains, la recherche pour ses in-

Retraite des troupes alliées, par Gayrard.

(1) Ce retrait a duré à partir de la mort de Jeuffroy (1826) jusqu'à l'élection de M. Roty (1888), qui a remis les choses en l'état primitif.

ventions d'un cadre de vraie nature; parallèlement Barye, Gayrard (1), Desbœufs (2), sculpteurs et médailleurs tout

Inauguration des chemins de fer, par Bovy.

ensemble, proclament l'unité, la solidarité de l'art, et c'est comme l'espoir d'un relèvement prochain. A leur exemple, l'enseignement privé préconise la pratique indistincte, simultanée, de l'ébauchoir et du burin; Pradier, grandi au milieu des manieurs de pointe, la met en honneur dans son ate-

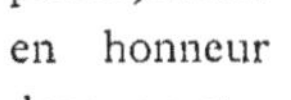

Monument à de Sèze, par Desbœufs.

George Sand, médaillon, par David d'Angers.

(1) Voir *Raymond Gayrard*, par Jules Duval, in-8°, 1859, et spécialement, dans cet ouvrage, la liste des médailles exécutées par Gayrard (p. 132-141).

(2) Voir, sur les travaux de Desbœufs à Rome, *Magasin encyclopédique*, 1815, t. V, p. 364.

lier, et de même David d'Angers, par affinité de talent.

Des médaillons de David (1), il en a été comme des portraits au crayon d'Ingres, aujourd'hui loués sans réserve. Le maître leur doit le plus certain, le meilleur de sa gloire. De fait, nulle autre part ne se sont manifestées avec une si convaincante autorité la puissance d'observation, la compréhension de la forme et de ses variétés physionomiques que possède David. En ces effigies, où le masque se modèle en vive saillie, par larges méplats, le parti est lisible de subordonner le détail au saisissement du type, à l'énergie brutale de l'effet, et c'est le réalisme de l'antique qui a appris à David à faire apparaître sous l'anatomie des traits, sous l'ossature d'un crâne, une individualité intellectuelle et morale; mais, parce qu'elle se trouvait sans précédent, parce qu'elle

Auguste Vacquerie, médaillon, par Préault.

La Comtesse de J., médaillon, par Carpeaux.

(1) Voir, sur les médaillons de David d'Angers, *David d'Angers, sa vie et son œuvre*, par Henry Jouin, 2 vol. in-8°, 1878, t. I, p. 176-249; t. II, p. 457-529, et spécialement *Les Médaillons de David d'Angers recueillis et réunis par son fils*, Paris, 1867, in-fol.

s'imposait d'emblée au souvenir, et en raison du penchant naturel de l'esprit à l'exclusivisme, cette suite devait condamner à l'oubli nombre de créations significatives : médaillons curieusement romantiques d'Antonin Moine, de

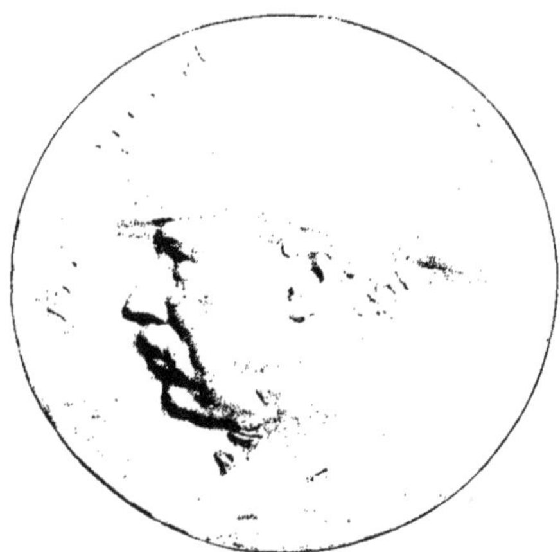

Gibert, médaillon, par Chapu.

Préault, de Jehan du Seigneur, médaillons de puissant intérêt qu'ont signés Rude, Carpeaux, Chapu surtout (1), puis

(1) Chapu a été, selon M. Fidière, « quelque peu ciseleur sur cuivre et orfèvre » ; il avait obtenu, en 1851, un second grand prix de gravure en médaille. « C'est à lui que nous devons la dernière évolution de la glyptique, » a dit M. O. Roty dans sa préface de l'*Augustin Dupré*, p. VIII. Rien de plus juste que cette constatation. Presque tous les hauts-reliefs de Chapu, *Le Christ aux anges*, *La Jeunesse*, *La Pensée*, *L'Immortalité*, les hommages à *Félicien David*, à *Gustave Flaubert*, seraient aisément convertis en médailles; il en irait de même pour une suite de compositions circulaires en bas-relief, *La Poésie*, *L'Architecture*, *La Musique*, *La Pein-*

Neptune fait naître le cheval, second grand prix de gravure en médaille de Chapu.

Médaille du Sacré-Cœur, par Chapu.

Nino Garnier, médaillon, par Chapu.

Cugnot, Legros, Cros, Allar, A. Charpentier, Ringel d'Illzach, Deloye. Se faut-il étonner, et a-t-elle été autre la destinée des monnaies de ce siècle que l'art et la numismatique s'accordent à tirer de pair? « Lorsqu'on jette sur le comptoir d'un marchand un écu à l'effigie de Louis XVIII, on ne se doute pas qu'on dépense un chef-d'œuvre. » Ainsi se récrie Edmond About, et en toute justice. L'admirable pièce trouvée par Michaut en une heure unique d'inspiration, combien peu en mesurent la suprême élégance, la haute portée, le caractère essentiellement français! Qui sait gré à Domard de l'effort tenté pour concilier la placide et bourgeoise ressemblance de Louis-Philippe avec le prestige de la majesté royale? Et qui prise les symboles que la deuxième République (1) s'honore d'avoir demandés à Merley et plus encore à Oudiné?

Il n'est pas d'enseignement comparable, pour l'importance des résultats, à celui que va répandre, quarante années durant, Oudiné (2). Tous les essais de ses devanciers, il les reprend, les poursuit, les résume. D'un art asservi à la reproduction, il fait un art libre, neuf par l'obligation imposée au graveur de ne jamais confier à l'acier que la conception de son cer-

ture, *La Sculpture*, *L'Art*, exécutées dans le style de Delaunay et que M. Sully-Prudhomme a inoubliablement chantées dans la *Gazette des Beaux-Arts* (t. VIII, 1873, p. 95-98). Les modèles des médailles du *Sacré-Cœur* et de la *Jeune Mère* sont dus à Chapu; enfin, la série de ses médaillons est d'une beauté sans égale en ce siècle. Voir sur les médaillons de Chapu : *Chapu, sa vie et son œuvre*, par O. Fidière, in-8°, 1894, p. 259-266.

(1) Sur la médaille pendant la révolution de 1848, voir les *Souvenirs numismatiques* de M. de Saulcy; Mercey, art. cité; *Histoire numismatique de la Révolution de 1848*, par A. R. de Liesville, 1877, in-4°.

(2) Voir *Notice sur E.-A. Oudiné*, sculpteur et graveur en médailles, par A. Flandrin, in-8°, 1888, et la liste imprimée des travaux d'Oudiné.

veau. D'autres, Depaulis (1), J.-E. Gatteaux (2), rivalisent à faire montre de talent; lui, bien avant que s'ouvre l'atelier officiel où professera Farochon (3), entreprend d'assurer l'avenir, de créer des élèves, et à son école se forment MM. Ponscarme, Chaplain, Tasset. Qu'Oudiné ait été influencé tour à tour par la tradition classique, par l'antiquité, le style néo-grec, par Ingres, nul n'en voudra disconvenir; mais en toute occasion se prouvent la culture d'un esprit ouvert, porté à la synthèse, et le goût de l'artiste attentif au choix des formes. Malgré les années, l'intelligence demeure en éveil, et quand la mort arrive, elle trouve Oudiné en pleine évolution, ayant accepté la donnée moderne et concourant à l'éclat de cette restauration que les travaux de sa jeunesse et ses leçons avaient préparée. L'étonnant spectacle de voir le maître, au déclin de sa carrière, user des inventions de ses élèves et s'y associer dans un élan qui devait modifier complètement l'état de la glyptique! Suivant une convention surannée, sur le

Fondation du musée de Versailles, par Depaulis.

Jeton pour la Société des Bibliophiles français, par Farochon.

(1) Voir, sur les travaux de Depaulis, Mercey, art. cité.

(2) Voir *Catalogue par ordre chronologique des ouvrages de gravure, de sculpture de J. Édouard Gatteaux*, in-fol., 1875; et le *Discours prononcé aux funérailles de Gatteaux*, par le v^te^ H. Delaborde et la notice sur *Gatteaux*, par M. Chaplain (1884).

(3) En 1863, lors de la réorganisation de l'École des Beaux-Arts.

champ, poli comme un miroir, émergeait, en une masse terne, la composition, et c'était entre le sujet et le fond une absence de lien illogique autant que déplaisante. L'ambition vint à M. Ponscarme de les assujettir à la loi d'une enveloppe commune,

Portrait, médaille, par Chaplain.

et, avec un plein succès, il s'essaya dans le portrait, aujourd'hui historique, de Naudet (1). Une révolution, cette mé-

(1) On peut dire de cet ouvrage qu'il a en quelque sorte réformé la glyptique moderne. J.-B. Dumas a pris prétexte de la médaille de Naudet pour signaler les errements des graveurs, et indiquer quelle voie nouvelle leur ouvrait désormais l'initiative de M. Ponscarme. - - Voir la brochure *Opinion de M. le Président de la Commission des monnaies et médailles*, extrait du procès-verbal de la

MÉDAILLES DE DEGEORGE

daille! Le graveur ne s'était pas borné à *mater* le fond pour obtenir l'unité, l'harmonie; la délicate souplesse du modelé y protestait avec éloquence contre l'exagération habituelle des

Portrait d'Élie Delaunay, par Chaplain.

saillies et la dureté des contours. Bien plus, M. Ponscarme s'aventurait à s'affranchir du cadre d'un listel inutile; puis, renonçant à l'emploi des caractères typographiques, vulgaires, sans convenance, il contraignait la légende, par le style approprié des lettres et la variabilité de leur disposition, à

séance du 2 mai 1861, et, sur MM. Oudiné et Ponscarme, etc., *La gravure en médailles contemporaine*, par M. Maurice Albert, *L'Art*, 1885, t. XXXIX, p. 61 : pour la période suivante, consulter les articles d'André Michel dans le *Journal des Débats* depuis 1886; *Médailles et plaquettes contemporaines*, par Victor Champier, dans la *Grande Dame*, 1896, p. 26-32, etc.

prendre le rôle ornemental de l'écriture arabe ou japonaise, à participer pour l'effet au pittoresque de l'ensemble.

A la faveur de cette émancipation et de la rupture avec les formules routinières, l'école se transforme, s'éprend de sincérité, de poésie, de grâce; elle ressaisit, puis rouvre la veine française et demande à la spontanéité de l'inspiration, à la vision directe et vivante de la nature, le rajeunissement d'une radieuse renaissance. M. Chaplain prend l'initiative du mouvement (1). Les doctrines anciennes brident, au début, le disciple d'Oudiné; mais le tempérament se dégage, la personnalité a tôt fait de paraître : l'artiste ne sera jamais capable d'emphase, de banalité ou de mièvrerie; il a en partage la vigueur, la précision, la clarté; ses compositions, naguère un peu diffuses, se simplifient, atteignent à l'ampleur par la fierté de la conception, par l'allure grave du dessin et la sympathie décidée pour les formes puissantes. La suite des portraits représentant les membres de l'Académie des Beaux-Arts donne l'exacte mesure de ce talent en continuel développement; on y constate avec quelle ténacité victorieuse M. Chaplain s'acharne à la poursuite du caractère, de l'absolue vérité; et la pensée a été belle, pour faire ces effigies complètes et dire avec l'extériorité des traits la qualité et la tendance de l'esprit, d'incarner sur le revers, dans une figure symbolique, le génie du compositeur, du statuaire, du peintre dont l'avers nous avait montré la ressemblance.

Décisive est l'impulsion, et par la voie grande ouverte d'autres résolument se dirigent vers la maîtrise. Il y était parvenu

(1) *J.-C. Chaplain, biographie et catalogue de l'œuvre*, par M. Mazerolle, 1897.

Degeorge (1), trop tôt disparu après un œuvre restreint, mais combien essentiel, où le sentiment, attachant au suprême, se traduit par une manière enveloppée qui relève l'intérêt du

L'Horticulture, plaquette, par M. Daniel Dupuis.

détail et communique son charme au fuyant de l'horizon, à l'architecture même. Du rêve recueilli de Degeorge s'éloigne la verve abondante de M. Daniel Dupuis; la variété des grou-

(1) « Il se montrait respectueux de la nature, ingénieux dans les arrangements, dessinateur impeccable, » a écrit M. O. Roty, ouv. cité, p. IX. Les revers des médailles de Degeorge sont, entre tous, remarquables : tel, par exemple, le revers de la médaille des *Communications aériennes*, tel encore le revers de la médaille de *Saint-Pierre de Montrouge*.

pements, des attitudes, l'aisance à bien remplir le champ, avertissent que nous avons affaire à une imagination particulièrement entendue au décoratif, et c'est, pour trahir les préférences d'études de l'artiste, deux cents de ces médaillons dont M. Daniel Dupuis s'est fait un exercice coutumier, — images d'amis ou d'intimes, réalisation de ce désir inavoué de tous : la perpétuité du souvenir.

La Chambre de commerce de Lyon,
par O. Roty.

Mais, patience; l'école nouvelle a trouvé son chef. Avec M. Roty (1) l'art du médailleur atteint sa pleine expression d'originalité, d'indépendance. L'allégorie, qui a répudié les mythes consacrés, s'humanise, s'individualise, de manière à découvrir au premier regard le sens des généralisations les plus abstraites; moderne par le type, le galbe, l'ajustement, elle revêt une forme définitivement dégagée des lourdeurs du second Empire, une forme jeune, svelte, nerveuse, dont la courbe se suit sans peine sous l'envolée des draperies légères. Et l'accord est exquis quand à l'allégorie se mêle quelque réalité naïvement

(1) Parmi les principaux travaux publiés en France sur M. O. Roty, signalons celui de L. Bénédite, dans *Art et décoration*, avril 1897, et le Catalogue des médailles gravées dressé par M. Mazerolle dans la *Gazette numismatique française*, II, 1897. A l'étranger, d'importantes études ont été consacrées au rénovateur de la glyptique moderne dans le *Journal de Saint-Pétersbourg* (1889 et 1891) la *Neue freie Presse* de Vienne (1892), *Die Kunst für Alle* (15 mai 1895), *The Studio* (avril 1896), *Die Zeitschrift für bildende Kunst* (déc. 1896), etc.

observée. Une médaille, une plaquette de M. Roty, c'est cette alliance imprévue : la fraîcheur souriante de l'imagination s'accompagnant de l'étude passionnée de la nature, l'invention s'ajoutant à la vérité pour se pénétrer délicieusement; c'est

Portrait de Mlle Taine, par O. Roty.

encore le métal qui s'anime et emprunte à la dégradation à peine accusée des reliefs et à la transparence des ombres le secret de la couleur, l'attrait d'une harmonie apaisée. D'où vient pourtant que cet art nous trouble à ce point, sinon qu'il est tout d'instinct, plein de sincérité, d'émotion tendre et neuve? L'exemple d'Evainetos, de Kimôn, de Sperandio n'a donc que faire ici. M. Roty a pu goûter le charme de l'antiquité, à la façon d'André Chénier, mais rien ne vaut à son gré la nature ambiante, qu'il interroge ardemment, en analyste patient et

La Préfecture de police, par O. Roty.

sensible, qu'il exprime sans subtilité florentine, avec la pure bonne foi et la chaleur d'âme d'un maître de vraie lignée française.

L'Enseignement secondaire des jeunes filles, face et revers de la médaille de O. Roty.

A la frappe qui limite le module vous verrez plus d'une fois MM. Roty, Chaplain, Dupuis préférer la fonte propice aux libertés de toutes sortes et bien apte à conserver la souplesse et le gras du travail. Parmi leurs contemporains et leurs aînés,

Pasteur, par Roty.

les uns restent fidèles à la gravure de coins, et je songe en cet instant à M. Tasset, à M. Alphée Dubois, à M. Lagrange, artistes de science et de conscience, à M. Borrel; d'autres ont préconisé la fonte, selon l'exemple donné par M. Alphonse Legros dans ses caractéristiques effigies pisanesques, et tels sont M. Levillain, puissant évocateur de l'antiquité, M. Maximilien Bourgeois et M. Deloye, portraitistes et continuateurs du style Louis-Quinzième, tel enfin M. Heller, original, imprévu et divers.

La Musique, par Alphée Dubois.

A l'Exposition universelle de 1889, l'organisation d'une section rétrospective (1) permettait de suivre les phases de la glyptique au cours du siècle et jusqu'en 1878; d'autre part, l'œuvre des médailleurs modernes, montré dans la classe décennale, intervenait comme une conclusion et consacrait une renaissance d'autant plus glorieuse qu'elle était toute particulière à l'école française (2). A côté des maîtres, des artistes nouveaux, MM. Vernier, Mouchon, Lechevrel, H. Dubois, retenaient par la sûreté de leur technique. Déjà l'on pouvait pressentir l'importance dévolue, dans ce renouveau d'un art régénéré, à MM. Bottée, Patey et Vernon; plus tard, elle s'est expliquée par la dissimilitude des tempéraments, et c'est un significatif témoignage de la vocation que cette persistance apportée par chacun à se développer dans le sens de la personnalité. Possédant d'instinct l'élégance et le

Venite adoremus, par Deloye.

Gustave Sandoz, par Vernier.

L'Étude, par H. Dubois.

(1) Voir Documents annexes, III, p. 43.

(2) M. Roty y obtenait la plus haute récompense décernée, la médaille d'honneur.

Héliog. Fillon & Heuse — Imp. Paul Moglia.

PLAQUETTE et MÉDAILLES de M. DANIEL DUPUIS

charme, M. Bottée unit et fond, dans une synthèse originale, les traditions françaises de la Renaissance et du dix-huitième siècle; M. Patey vise moins à la grâce et davantage à l'expression, tandis que M. Vernon, véritable émule

Mes parents, plaquette, par Patey.

de Degeorge, captive et retient par la spontanéité d'une inspiration souvent poétique, parfois émue, toujours touchante.

Sous la poussée vigoureuse de ces talents les portes du Luxembourg s'entr'ouvrent, et, en 1890, les médailleurs obtiennent enfin dans notre musée des artistes vivants, la place qui leur est due et qu'ils occupaient déjà dans les galeries publiques de l'étranger (1). L'heure de la justice semble ar-

Le Port de Calais, par Bottée.

rivée; les réclamations d'antan se trouvent coup sur coup

Rosa, par Vernon.

La Caisse d'Épargne, par Patey.

Portrait, par Bottée.

entendues : au Salon, les ouvrages de glyptique ne sont plus

(1) Voir, sur la médaille au Luxembourg, documents annexes, IV, p. 53 et suiv. — Des médailles françaises modernes sont conservées dans les musées de Londres, Berlin, Dresde, Vienne, Bruxelles, Stockholm, Christiania, New-York,

présentés avec la même désinvolture qui révoltait naguère (1); puis, le monopole de la frappe est abrogé (2), et celui même auquel cette liberté est due va satisfaire un vœu jusqu'ici exprimé en vain (3) : il décide la mise à la réforme de types monétaires vieux de cinquante ou de cent années et leur remplacement par des modèles nouveaux; il assure à notre temps « une monnaie inédite et qui dira quelle conception est la nôtre de la République et du régime républicain aux dernières années du dix-neuvième siècle ».

La nouvelle monnaie d'argent, par O. Roty.

et surtout dans la Kunsthalle de Hambourg. — Une exposition spéciale de médailles a été ouverte à Bruxelles pendant les mois de mai et de juin 1897.

(1) Voir Maurice Albert, art. cité, et notre *Salon de* 1887, dans *L'Indépendant littéraire.*

(2) Voir, sur le monopole de la frappe et son abrogation : *Rapport sur la liberté de la fabrication des médailles*, par la Société française des artistes graveurs en médailles (1883); *Le Monopole de la frappe des médailles*, par Roger Marx, *Rapide* du 28 novembre 1892; le *Journal officiel* du 12 février 1893; l'*Union nationale du commerce et de l'industrie*, 10 juin 1893.

(3) Dans le *Voltaire* du 1er mars 1892 (que dirigeait M. Paul Doumer), nous formulions ainsi ce vœu : « En 1870, lors de la proclamation de la République, la direction des Monnaies a manqué de confiance; elle s'est prise à douter de la chance de durée d'une ère d'égalité, de fraternité, et au lieu de procéder à la création de types monétaires nouveaux, comme en 1791, comme en 1848, elle s'est contentée de fouiller au plus profond de ses reserres, de tirer de la poussière et de l'ombre, pour les confier au balancier, les poinçons jadis en usage sous la première et la deuxième République... Depuis Dupré, depuis Oudiné, les temps sont révolus, et pour être évoquée aux yeux de tous, de façon intelligible, la troisième République exige d'autres symboles que ceux adoptés par ses aînés. L'obligation s'impose pour elle de ne point faillir à l'usage de faire établir une monnaie inédite, etc. » Les voies d'exécution, suivies depuis, étaient ensuite indiquées. Ceux qui se reporteront aux articles du *Temps*, en date du 17 mars 1892, et de

D'autres signes s'accordent à marquer cette orientation du goût, des esprits, et à présager la durée de cette efflorescence.

L'Urbaine, par Claudius Marioton.

L'avenir s'annonce riant avec les promesses de MM. Michel Cazin, Yencesse, Pillet, Rivet, Coudray et Dupré. Comme jadis Vechte et Jean Garnier, les ornemanistes, les ciseleurs, Claudius Marioton, Joindy, Legastelois, Rault, abordent avec succès la glyptique; des peintres, Jules Chéret, J.-F. Raffaëlli, Henri Guérard, Grandhomme, se prennent à modeler une médaille, comme ils se délassaient en balafrant la pierre, en incisant le cuivre ou en faisant jouer l'émail; puis l'apport des sculpteurs, particulièrement s'impose : Frémiet, Dampt, J.-A. Gardet, s'illustrent par quelques créations parfaites; à plaisir s'attestent le goût affiné de Pierre Roche

Bressane, par M. Devenet.

l'*Éclair*, en date du 27 décembre 1892, pourront reconnaître que l'administration des Monnaies fit d'abord à la proposition le plus défavorable accueil. Nous ne saurions donner ici la référence de tous les articles publiés sur la question tant par ceux qui s'y intéressèrent que par nous-même. Il suffit de rappeler que M. Paul Doumer voulut bien, dès son arrivée au ministère des Finances (novembre 1895), réaliser le projet de son ancien collaborateur et confier à M. Chaplain, à M. Roty et à M. Daniel Dupuis la commande de nouveaux types pour les monnaies d'or, d'argent et de bronze.

Outre cette initiative il en faut signaler une autre, très intéressante, et dont l'honneur appartient à M. Roger-Milès; nous voulons parler de la création d'un médaillier scolaire qui aurait l'avantage de faciliter l'étude de l'histoire en formant le goût des élèves.

BRACELET, PLAQUETTE ET MÉDAILLES DE M. O. ROTY.

Imp. Ch. Wittmann

et de Nocq, le savoir de Georges Gardet, de Gustave Michel, de Mme Lancelot-Croce, et l'ingéniosité pittoresque si vive chez H. Lefebvre, chez Devenet. La large tech-

Puvis de Chavannes, plaquette, par Victor Peter.

nique du bas-relief est appliquée à la médaille par Victor Peter, animalier et portraitiste, par le bon huchier Rupert Carabin, et surtout par Alexandre Charpentier. Dans l'œuvre, si riche, de ce naturiste ardent et convaincu, plutôt que des groupements de personnages ou des allégories vous rencontrerez des notations véridiques d'attitudes, de gestes, de mouvements, de physionomies, qui savent au mieux incarner le sentiment et éveiller l'idée. A Pierre Roche et à Alexandre Charpentier revient par surcroît d'avoir créé une estampe de médailleur où le papier, épousant les formes du relief, se modèle, se gaufre et se teinte (1); enfin leurs deux noms se retrouvent, avec ceux de Roty, Levillain, Bottée, Heller, Vernier, Mouchon, Henry Nocq, sur la liste glorieuse des médailleurs qui ont secondé et hâté, par leur concours, le relèvement et le progrès de l'orfèvrerie, de l'ameublement, de la reliure, de tous les arts du décor (2).

Le Journal, par Rupert Carabin.

Une esthétique épuisée et vieillie a réglé cérémonieusement, suivant un ordre hiérarchique, le degré de crédit que mérite

(1) Voir sur ces créations, souvent exquises, notre article *L'Estampe de sculpteur*, dans la *Chronique des arts*, 1895, p. 20-21, la *Gypsographie et son avenir*, par Pierre Roche, *Revue encyclopédique*, 1896, p. 575 et suiv. — D'autres estampes à reliefs portent la signature de M. Roty (*Le Centenaire de la maison Christofle*), de M. Daniel Dupuis (*Menu de la Marmite*), de M. Desbois, de M. Maurice Dumont... A des sculpteurs-médailleurs ont été demandés les plus intéressants timbres secs modernes, et les précieux cachets dorés et gaufrés avec lesquels l'éditeur Guillaume clôt l'enveloppe protectrice des volumes de sa collection.

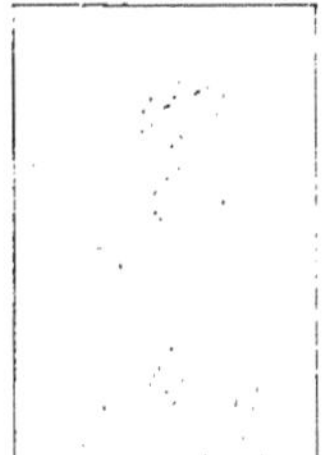

La Vague, cachet de M. Desbois.

(2) Voir sur ce rôle décisif des médailleurs dans la renaissance ornementale : *Rapports du jury international de l'Exposition universelle de* 1889 : *Orfèvrerie*, par L. Falize, in-8°, 1891, p. 71, 77, 166, et nos *Mouvements des arts décoratifs* dans la *Revue*

chaque manifestation du génie humain. Il appartient à cette fin de siècle plus équitable de réagir contre ces classifications arbitraires, de chasser pour jamais des esprits la tendance à tenir pour inférieur un art en raison de son format d'expres-

Edmond de Goncourt, plaquette, par A. Charpentier.

sion et de son utilité, parce qu'il témoigne sans encombre et sans mensonge des vicissitudes de l'histoire, du progrès des civilisations. Ces préjugés d'une éducation étroite une fois abolis, la mise en lumière de la médaille s'imposera, et pa-

encyclopédique, 1891, p. 827; 1892, col. 1491. Pour l'application de la médaille à la reliure, consulter spécialement *La reliure du XIXe siècle*, par M. Henri Béraldi, t. IV, 1897, p. 139 et suiv.

reillement la conscience exacte de son rôle documentaire, de sa part dans la suprématie de l'école contemporaine. Elle apparaîtra comme un art affranchi, digne d'éveiller la convoitise des collections publiques et privées. Voici déjà que les amateurs se sont passionnés pour les plaquettes des XVe et XVIe siècles italiens. Il faut tirer de leur prédilection un excellent augure. Admirer le passé, surtout le passé de l'étranger, n'est-ce pas le chemin communément suivi pour parvenir à l'estime de la France moderne? Il est long, détourné, mais qu'importe? L'au-delà, l'âpre dispute pour cette gloire dont on le veut frustrer, ne saurait distraire ou troubler le médailleur. La condition, la portée de sa création, la rendent moins qu'aucune autre fragile ou périssable, et de l'indifférence du temps présent, du mépris des esthéticiens, il se console, et doucement se venge par l'espoir infaillible d'une survie sans fin.

DOCUMENTS ANNEXES

DOCUMENTS ANNEXES

I

FONDATION DU GRAND PRIX DE ROME POUR LA GRAVURE EN MÉDAILLES

Institut national. — Classe des Beaux-Arts.

Extrait du procès-verbal de la séance du 22 prairial an XI (samedi 11 juin 1803).

RÈGLEMENT POUR LES GRAVEURS EN MÉDAILLES ET PIERRES FINES (1).

ARTICLE Ier.

A dater de l'an XIII, il y aura tous les deux ans un grand prix pour la gravure en médailles et pierres fines.

ARTICLE II.

Tous ceux qui voudront concourir pour ce grand prix se rendront aux Écoles du modèle le jour indiqué et, pour premier essai, feront une esquisse sur un sujet donné par la classe des Arts de l'Institut national.

ARTICLE III.

Tous les concurrents qui, d'après le jugement de l'Institut, seront admis au deuxième essai, se rendront au jour indiqué dans la salle du modèle pour y modeler une figure, de la proportion de 50 centimètres environ, d'après le modèle posé par le professeur du mois. Le rang pour le choix des places sera celui assigné par le jugement. Il sera

(1) Extrait des Archives de l'Institut.

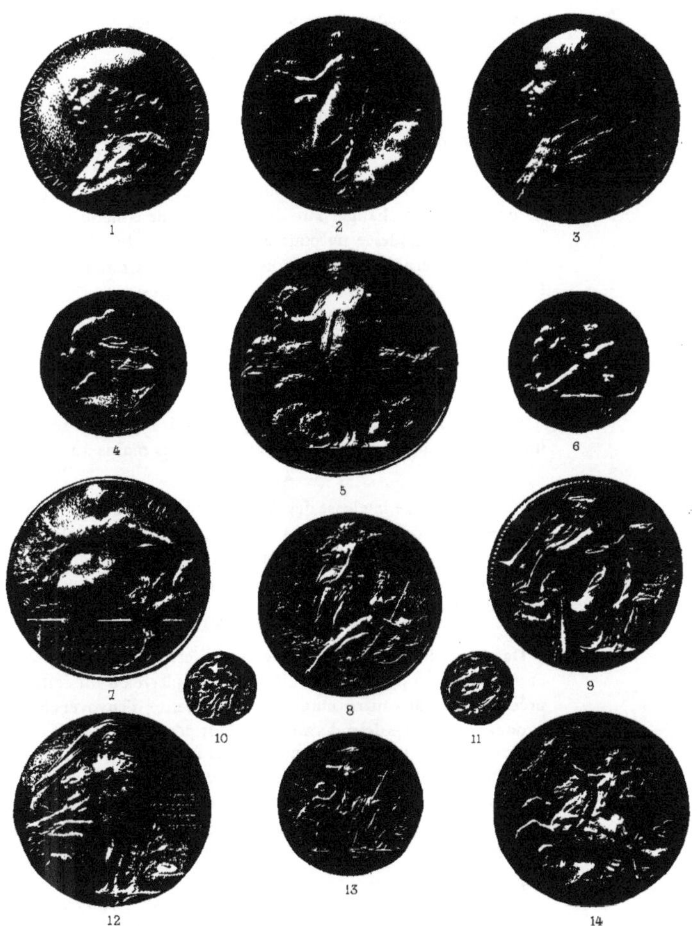

Héliog. Fillon & Heuse. Imp. Paul Moglia.

MÉDAILLES de MM. LEVILLAIN (1.2.4.6.) MAXIMILIEN BOURGEOIS (3.8.) HELLER (5.7.9.) BOTTÉE (10.11.12.13.14.)

accordé six jours, depuis huit heures jusqu'à deux heures après-midi. Tous les règlements de police adoptés pour les concours auront lieu pour celui-ci.

Article IV.

Ceux qui, d'après le jugement de l'Institut national, seront admis à concourir pour le grand prix entreront en loge le jour indiqué. Le matin, il leur sera délivré l'énoncé du sujet qu'ils graveront, soit sur acier, soit sur pierre fine.

Ils auront toute la journée pour faire leur esquisse, passé laquelle ils ne pourront rien changer sans être mis hors de concours.

L'esquisse modelée ne pourra avoir moins de 16 centimètres. Le modèle qui sera fait pour la gravure ne pourra être modelé que dans l'École; il devra avoir au moins 5 décimètres.

La gravure sur acier devra avoir au moins 5 centimètres de diamètre; la pierre devra avoir au moins 22 millimètres.

Il est accordé quatre-vingt-dix jours pour l'exécution du prix.

Article V.

Les concurrents ne pourront emporter soit leur coin, soit leur pierre fine, qui, chaque jour, seront déposés entre les mains du concierge.

Article VI.

Le jugement de la classe des Arts de l'Institut national aura lieu dans les mêmes formes que pour les autres grands prix, et celui qui le remportera jouira des mêmes avantages qui y sont attachés.

Le coin ou la pierre qui aura remporté le grand prix appartiendra au Gouvernement.

Article VII.

Dans chacune des trois premières années, les pensionnaires graveurs en médailles ou pierres fines joindront une pierre ou un coin, gravé d'après l'antique, aux autres études qu'ils sont tenus d'envoyer chaque année, et dans l'espace des deux dernières de leur pensionnat, sur la demande du Gouvernement, les graveurs en médailles feront une médaille avec son revers; les graveurs en pierres feront une gravure en creux et une en relief. Les coins et les pierres fines seront fournis par le Gouvernement.

La classe adopte successivement ces deux projets de règlement et arrête qu'expédition en sera adressée au ministre de l'Intérieur.

La séance est levée.

Vincent, *Président.*

Joachim Le Breton, *Secrétaire perpétuel.*

II

CONCOURS DU GRAND PRIX DE GRAVURE EN MÉDAILLES ET EN PIERRES FINES (1)

1805.

(*Gravure en pierres fines.*)

Le Génie de la gravure présente un cachet à l'Empereur, qui lui donne une couronne.

Logiste : Tiollier.
Grand prix : TIOLLIER (Pierre-Nicolas).

1809.

(*Gravure en médailles.*)

Mars suivi de la Victoire.

Logistes : J.-E. Gatteaux, Jouannin, Chaudet.
Grand prix : GATTEAUX (Jacques-Édouard).
1er second grand prix : Jouannin (J.-M.).
2e second grand prix : Dubois (E.-J.).

1810.

(*Gravure en pierres fines.*)

Ulysse déguisé en mendiant est reconnu par son chien.

Logistes : Durand, Dubois, Domard.
Grand prix : DURAND (Pierre-Amédée).
Second grand prix : Domard (J.-F.).

(1) D'après les Archives de l'École des Beaux-Arts.

Jusqu'en 1823 la gravure en médailles et la gravure sur pierres fines font l'objet de concours distincts.

Aux termes de l'article VI du règlement (Document annexe 1), l'État possède toutes les œuvres des titulaires du prix de Rome pour la gravure en médailles; elles sont conservées au musée de l'École des Beaux-Arts, qui garde en plus l'esquisse exécutée lors de la montée en loges et souvent (jusqu'en 1881) des camées ou intailles de chaque artiste « grand prix ».

Des épreuves en plâtre de deux seconds grands prix (Ponscarme, 1855, et Burdy, 1863) figurent dans les collections de l'École.

A partir de 1875, le Ministère des Beaux-Arts a pris le parti d'acquérir, à la suite de chaque concours, pour le Musée de l'École, les ouvrages ayant pour auteurs les titulaires des seconds grands prix et des mentions.

1812.

(*Gravures en médailles.*)
(Concours de 1811 reporté en 1812).

L'Hercule français.

Logistes : Brandt, Caunois, Michaut, Masson.
Grand prix : néant.
Second grand prix : Michaut (A.-F.).

1813.

(*Gravure en pierres fines.*)

Thésée relève la pierre sous laquelle son père avait caché ses armes.

Logistes : Brun, Desbœufs, Walcher, Domard, Capucci.
Grand prix : néant.
Second grand prix : Brun (S.).
1re mention : Desbœufs (A.).
2e mention : Capucci.

(*Gravure en médailles.* — Concours de 1812 reporté en 1813.)

(*Même sujet.*)

Logistes : Caunois, Brandt, Michaut, Petit, Sébille.
Grand prix : BRANDT (Henri-François).
Second grand prix : Caunois (A.).

1814.

(*Gravure en pierres fines.*)

Guerrier saisissant ses armes sur l'autel de la Patrie.

Logistes : Desbœufs, Brun, Domard, Walcher.
Grand prix : DESBŒUFS (Antoine).
Second grand prix : Walcher (J.-F.).

1815.

(*Gravure en médailles.*)

La Mort d'Ajax.

Logistes : Caunois, Petit, Sébille, Jacquot, Pigalle, Brenet.
Grand prix : néant.
Mention : Jacquot (G.).

1817.

(*Gravure en pierres fines.*)

Androclès, condamné à combattre les bêtes féroces, est reconnu par un lion dont il avait jadis guéri la blessure dans les déserts d'Afrique.

Logistes : Walker, Brun.
Grand prix : BRUN (Joseph-Silvestre).

1819.

(*Gravure en médailles.*)

Milon de Crotone attaqué par un lion.

Logistes : Brenet, Vatinelle, Dieudonné, Dubois (E.), Barye.
Grand prix : VATINELLE (Jules).
Second grand prix : Dieudonné (J.-A.).
Mention : Barye (A.-L.).

1823.

Pâris lançant la flèche dont il blesse Achille au talon.

(*Gravure en médailles et en pierres fines.*)

Logistes : Jaley, Brenet, Leclerc, Lefèvre-Dubourg.
Grand prix : néant.
1er second grand prix : Lefèvre-Dubourg (J.-A.-T.).
2e - : Brenet (L.).

1831.

Œdipe expliquant l'énigme du Sphinx.

Logistes : Oudiné, Fauginet.
Grand prix : OUDINÉ (Eugène-André).
Second grand prix : Fauginet (J.-A.).

1835.

Romulus portant les dépouilles opimes au temple de Jupiter Férétrien.

Logistes : Fauginet, Farochon.
Grand prix : FAROCHON (Jean-Baptiste-Eugène).

1839.

Hercule étouffant Antée.

Logistes : Vauthier, Flacheron.
Grand prix : VAUTHIER (Armand).
Mention : Flacheron (J.-F.-C.-A.).

1843.

Orion sauvé des flots.

Logiste : Merley.
Grand prix : MERLEY (Louis).

1848.

(Concours de l'année 1847 reporté en 1848.)

Mercure formant le caducée.

Logistes : Bonnet, Galbrunner, Chabaud.
Grand prix : CHABAUD (Louis).
Second grand prix : Bonnet (G.).

1851.

Neptune fait naître le cheval.

Logistes : A. Dubois, Irvoy, Metral, Galbrunner, Chapu.
Grand prix : Néant.
Second grand prix : Chapu (H.-M.-A.).

1855.

Guerrier mourant sur l'autel de la Patrie.

Logistes : A. Dubois, Bainville, Ponscarme, Zoegger.
Grand prix : DUBOIS (Alphée).
Second grand prix : Ponscarme (A.-J.).
Mention : Zoegger (F.-A.).

1860.

(Concours de 1859 reporté en 1860.)

Un guerrier dépose sur l'autel du dieu Mars la palme de la Victoire.

Logistes : A. Borrel, Chaplain, Zoegger, Lagrange.
Grand prix : LAGRANGE (Jean).
1er second grand prix : Borrel (A.).
2e second grand prix : Chaplain (J.-C.).

1863.

Bacchus faisant boire une panthère.

Logistes : Chaplain, Burdy, Degeorge.
Grand prix : CHAPLAIN (Jules-Clément).
Second grand prix : Burdy (H.-A.).
Mention : Degeorge (C.-J.-M.).

1866.

La France protégeant l'Algérie.

Logistes : Degeorge, Bion, Soldi.
Grand prix : DEGEORGE (Charles).
Mention : Bion (L.-P.).

1869.

La Fortune et l'Enfant.

Logistes : D. Dupuis, Soldi, Roty, Beau, Bion, Garnier.
Grand prix : SOLDI (Émile-Arthur).
1er Accessit : Dupuis (J.-B.-D.).
Mention : Roty (L.-O.).

1872.

Un soldat spartiate préparant ses armes avant le combat des Thermopyles.

Logistes : D. Dupuis, Beau, Bion, Roty.
Grand prix : DUPUIS (Jean-Baptiste-Daniel).
Second grand prix : Roty (L.-O.).

1875.

Un berger cherchant à lire l'inscription gravée sur un des rochers du passage des Thermopyles.

Logistes : Roty, Patey, Bottée.
Grand prix : ROTY (Louis-Oscar).
Second grand prix : Patey (H.-A.-J.).

1878.

Caïn maudit.

Logistes : Patey, Bottée, H. Dubois, A. Charpentier.
Grand prix : BOTTÉE (Louis-Alexandre).
1er second grand prix : Dubois (H.).

1881.

Le laboureur de Virgile.

Logistes : Patey, Vernon, Charpentier, Lancelot, Begué.
Grand prix : PATEY (Henry-Auguste-Jules).
1er second prix : Vernon (C.-F.-V.).

1884.

Oreste, poursuivi par les Euménides après le meurtre de sa mère Clytemnestre, se réfugie au pied de la statue d'Apollon.

Logistes : Vernon, Dubois, A. Charpentier, Lancelot, Naudé, Rivet.
Grand prix : NAUDÉ (Henri).
Mention : Lancelot (P.-C.).

1887.

Jason enlevant la toison d'or.

Logistes : Vernon, Lancelot, H. Dubois, Delpech.
Grand prix : VERNON (Charles).

1890.

Phorbas détachant de l'arbre Œdipe enfant.

Logistes : Delpech, Pillet, Legout, Lancelot, Callot, Nocq.
Grand prix : PILLET (Charles-Philippe-Germain-Aristide).
2e second grand prix : Callot (J.-H.).
Mention : Delpech (J.-M.).

1893.

Orphée endort Cerbère.

Logistes : Renevier, Raynaud, Dupré, Hermant, Coudray, Delpech.
Grand prix : COUDRAY (Marie-Alexandre-Lucien).
1er second grand prix : Raynaud (L.-F.-C.).
2e second grand prix : Dupré (G.).

1896.

Oreste au pied de la statue de Minerve.

Logistes : Lorieux, Renevier, Grégoire, Delpech, Davin, Dupré.
Grand prix : DUPRÉ (Georges).
1er second grand prix : Lorieux (A.-J.-P.).
2e second grand prix : Delpech (J.-M.).

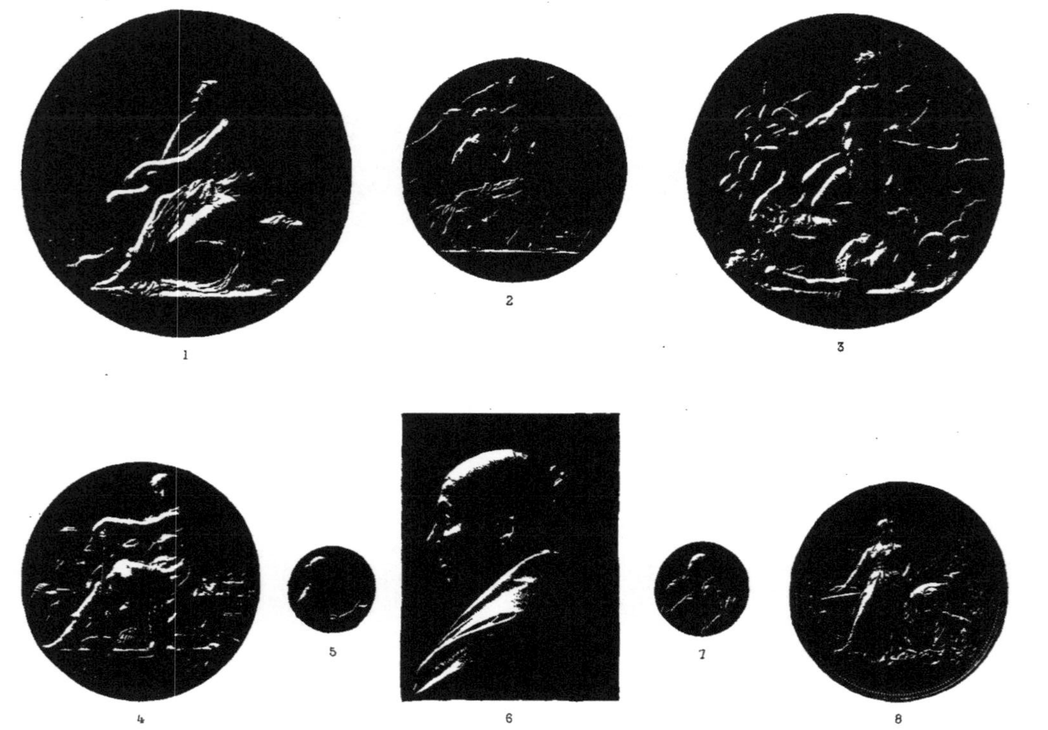

Helog. Fillon & Heuse — Imp. Paul Moglia

MÉDAILLES de MM. PATEY, (1.2.3.) et VERNON. (4.5.6.7.8.)

III

CATALOGUE DES MÉDAILLES ET PIERRES FINES CONSTITUANT LA SECTION CENTENNALE DE LA GLYPTIQUE A L'EXPOSITION UNIVERSELLE DE 1889 (1).

Andrieu (Bertrand).	Bonaparte, Premier Consul de la République.
—	Mariage du roi de Westphalie (d'après une composition de Prud'hon); — MDCCCVII.
—	Conquête de la Silésie; — MDCCCVII.
—	Organisation de l'Instruction publique; — an IV.
—	Première décade du XIXe siècle; — MDCCCX.
—	Baptême du Roi de Rome; — MDCCCXI.
—	Bonaparte Empereur et Roi.
—	La Princesse Pauline Borghèse.
Anonyme	Le réveil du Tiers État.
—	Décoration des vainqueurs de la Bastille; — face et revers.
—	Passage des écluses de Saint-Valéry-sur-Somme.
Barre (J.-J.)........	Raymond comte de Sèze; — MDCCCXXIX.
—	La famille royale visite la Monnaie (1833); — face et revers.
—	Réception des cendres de Napoléon; — MDCCCXL.
—	Comice agricole de Seine-et-Oise. — L'agriculture 1851.
—	Statue équestre du duc d'Orléans, d'après Marochetti; — MDCCCXLII.
Bovy (Antoine).....	Agrandissement du port de Marseille.
—	Médaille des chemins de fer; — MDCCCXLII.
—	Inauguration des grandes lignes de chemin de fer; — (1849).
—	Médaille de l'Exposition universelle; — MDCCCLV.
—	Bataille de l'Alma.
—	La reconstruction du Pont d'Austerlitz; — 1854.
—	Protection du travail national.
Brenet (N.-G.-A.)..	Députation des maires de Paris, à Schoenbrunn; — MDCCCV.
— ..	Bataille d'Eylau; — MDCCCVII.
Caqué (A.-A.)......	La liberté de la Presse d'après Gayrard.
—	J. B. H. de Sussy, président de la Commission des Monnaies et Médailles.
Carpeaux (J.-B.)....	Mme Detly; — médaillon.
—	Le Prince impérial; — médaillon.
—	M. Reynard; — médaillon.
—	Mlle Bouvet; — médaillon.
Caunois (F.-A.).....	Le Sacre de Charles X; — MDCCCXXV.
Chapu (H.-M.-A.)...	A. Gibert paysagiste (1860); — médaillon.
— ...	M. Dumaresq (1862); — médaillon.
— ...	Mon père (1861); — médaillon.
— ...	Elie Delaunay (1864); — médaillon.
— ...	Auguste Vacquerie (1866); — médaillon.
— ...	Mme Robert-Fleury (1866); — médaillon.
— ...	Vaudremer; — médaillon.

(1) D'après le *Catalogue général officiel : Beaux-Arts : Exposition centennale de l'art français* (1789-1889). Lille, imprimerie L. Danel, MDCCCLXXXIX (p. 46-49).

CHAPU (H.-M.-A)...	Robert-Fleury (1877); — médaillon.
DAVID (Pierre-Jean).	Géricault; — médaillon.
—	Delacroix; — médaillon.
—	Michelet; — médaillon.
—	Ingres; — médaillon.
—	Paul Huet; — médaillon.
DEGEORGE (J.-M.-C.).	La Chambre de Commerce de Bordeaux.
—	Médaille commémorative de la construction de l'église Saint-Pierre de Montrouge.
—	Les Phares.
—	A la mémoire des élèves de l'École des Beaux-Arts morts pendant la guerre de 1870.
DEPAULIS (A.-J.)....	Inauguration du pont de Libourne; — MDCCCXX.
—	Fondation du Musée de Versailles; — MDCCCXXXVII.
—	Silvestre de Sacy.
DESBŒUFS (Antoine).	Le Concordat.
—	Monument à de Sèze; — MDCCCXXIX.
—	L'Éloquence défend l'Innocence.
DOMARD (J.-F.).....	Bataille de Navarin; — XX octobre MDCCCXXVII.
—	Mercure avec les attributs du Commerce. (Pour la Chambre de commerce de Marseille.)
—	Louis-Philippe roi des Français; — coin monétaire.
—	Le comte H. de Rigny, amiral, député, ministre de la marine.
—	Naissance du comte de Paris.
DROZ (J.-P.)........	Paix d'Amiens; — le retour d'Astrée.
—	Le Camp de Boulogne; — an XII de la R. F.
—	Le Sacre; — Pie VII.
—	Le Gouverneur Eliott.
—	Portrait de M. Mongis; — cire.
DUBOIS (J.-E.)......	La Cathédrale de Paris.
DUMAREST (R.)......	Le Marquis de Lafayette, maréchal de camp, commandant général de la garde nationale de Paris.
—	Arouet de Voltaire.
—	Junius Brutus.
—	Jean-Jacques Rousseau.
DUPRÉ (Augustin)...	Lavoisier.
DUPUIS (J.-B.-D.)....	Garnier Pagès.
—	Mme Dupuis.
—	Daniel Dupuis.
—	M. Bernier, architecte.
—	M. Bellay, graveur.
—	M. Thomas, architecte.
DUVIVIER (P.-S.-B.).	Arrivée du roi à Paris le 6 octobre 1789; — face et revers.
— ..	L'Abbé de l'Épée.
FAROCHON (J.-B.-E.).	Liberté, Ordre public.
—	Sciences physiques et mathématiques.
—	Industries agricoles et manufacturières.
—	Faculté de droit.
—	Faculté de médecine.
—	Jeton pour la Société des Bibliophiles Français; — face et revers.
—	M. Steinheil, — médaillon.

Farochon (J.-B.-E).	M. Besozzi; — médaillon.
François (H.-L.)....	Invocation à Pan; — camée cornaline orientale à trois couches.
—	Prométhée; — camée sardonyx à trois couches.
—	Mlle M. B...; — camée cornaline orientale à deux couches.
Galle (André)......	Bataille d'Iéna; — MDCCCVI.
—	Bataille de Wagram; — VI juillet MDCCCIX.
—	L'Entrée du Roi dans sa capitale, MDCCCXIV.
—	Médaille pour la Compagnie des Mines de fer de Saint-Étienne, MDCCCXVIII; — face et revers.
—	Érection de la statue de Louis XIV à Lyon; — MDCCCXXV.
—	Les Arts utiles (1826).
—	Louis David.
—	S.-M.-J.-J. Dupin (1839).
—	George Canning.
—	Henri Grattan.
—	Plaque pour l'État-Major des gardes nationales de France.
Gatteaux (J.-E.)...	École française des Beaux-Arts de Rome (1812).
— ...	Le Pont de Bordeaux; — MDCCCXXI.
— ...	Sacre de Charles X.
— ...	Louis van Beethoven.
Gatteaux (N.-M.)...	L'Abandon des privilèges.
Gayrard (R)........	Route de Nice à Rome; — MDCCCVII.
—	Retraite des troupes alliées; — MDCCCXVIII; —face et revers.
Lagrange (Léon)...	Milon de Crotone, d'après Puget.
— ...	Le Semeur; — face et revers.
— ...	Le Palais de Justice de Paris; — face et revers.
— ...	L'Opéra de Paris; — face et revers.
Levillain (F.)......	La Fête de Silène.
—	L'Enfance de Bacchus.
Michaut (Auguste)..	Louis XVIII; — coin monétaire.
Moine (A.-M.).......	Portrait de Gustave Planche; — médaillon bronze.
Oudiné (E.-A.).....	Médaille de la Société des Architectes.
—	Avènement de Napoléon III à l'empire; — MDCCCLII; — face et revers.
—	André Galle.
—	Bataille d'Inkermann.
—	Jeton pour la Compagnie d'assurance *l'Universelle*.
—	« A Jean-Auguste-Dominique Ingres. »
—	Plébiscite; — MDCCCLXX.
—	Société française contre l'abus des boissons alcooliques.
Petit (L.-M.).......	Inauguration du Palais de la Bourse et du Tribunal de Commerce.
Préault (Auguste)..	Un portrait; — médaillon.
— ..	M. A. Maquet; — médaillon.
Vauthier-Galle (A.)	Campagne des fils du duc d'Orléans.
—	Naissance du Prince Impérial; — d'après Cavelier.

IV

SIMPLES AVIS AUX AMATEURS DE MÉDAILLES MODERNES

La renaissance de la glyptique a eu pour effet de répandre le goût des médailles modernes ; mais l'embarras est grand pour ceux qui souhaitent en acquérir; ils croient leur désir malaisé à satisfaire; ils ignorent la dépense approximative et la voie à suivre. C'est à leur intention que sont rédigés ces avis sommaires, précis, pratiques surtout.

Nulle collection n'est plus facile et moins coûteuse à réunir qu'une collection de médailles modernes. Tout amateur peut, à sa guise et selon ses moyens, se former un petit musée. s'entourer d'œuvres peu encombrantes, intéressant les yeux et l'esprit, puisque ces créations d'art sont aussi des documents d'histoire.

On trouvera plus loin, réparties en deux listes, les médailles et plaquettes modernes dont chacun peut posséder un exemplaire. Ce sont :

I. Celles dont les coins appartiennent au ministère des Beaux-Arts;

II. Celles dont les coins appartiennent à l'administration des Monnaies.

Pour se procurer les premières, il suffit d'adresser à *M. le ministre des Beaux-Arts*, 3, rue de Valois (*affranchissement inutile*), une lettre lui demandant l'autorisation de faire frapper, aux frais du signataire, *un* exemplaire de la ou des médailles qui figurent sur la LISTE I ; cette autorisation obtenue, il n'y a plus qu'à procéder à la commande.

En ce qui concerne les secondes (LISTE II), nulle formalité n'est nécessaire préalablement à la commande.

Dans les deux cas, la commande doit être adressée : *A M. le Directeur des Monnaies*, 11, quai Conti, Paris (1). Le délai, depuis l'instant

(1) La correspondance adressée au Directeur de l'Administration des Monnaies et Médailles, à Paris, relativement aux commandes et à des questions de service, n'a pas besoin d'être affranchie. La correspondance de service expédiée par le Directeur de l'Administration des Monnaies et Médailles, à Paris, n'est passible à destination que de la taxe simple. (Loi du 29 mars 1889.)

de la commande jusqu'à celui de la *livraison* ou de l'*expédition*, est de vingt à vingt-cinq jours environ (1).

LISTE I

Médailles contemporaines dont les coins appartiennent au Ministère des Beaux-Arts (2).

Borrel (Alfred).....	L'Hospitalité suisse. — Module de 72 millimètres.
—	Claude Bernard. — 68 mm.
—	Crémieux. — 68 mm.
—	Victor Hugo. — 68 mm.
—	Henri Martin. — 68 mm.
—	Paul Bert. — 68 mm.
—	Centenaire de la fondation de l'École des langues orientales, plaquette. — 68 mm.
Borrel (feu V.-M.).	Le Frère Philippe. — 68 mm.
Bottée............	**Le Centenaire du Muséum.** — 68 mm.
—	Apollon et Marsyas. — 68 mm.
Bourgeois (Max)....	Aux artistes français. — 72 mm.
—	Centenaire de l'École polytechnique. — 68 mm.
Chaplain..........	Médaille d'honneur des Salons. — 75 mm. (Revers lisse.)
—	Aux lauréats des écoles de dessin. — 70 mm. (Revers lisse.)
—	**La Défense de Paris.** — 72 mm.
—	Sadi Carnot. — 72 mm.
—	**Inauguration de l'École des Arts industriels de Roubaix.** — 68 mm.
—	**Visite de l'escadre russe à Toulon.** — 70 mm.
Degeorge..........	**Aux élèves de l'École des Beaux-Arts morts pour la patrie.** — 81 mm.
—	**Communications aériennes.** — 63 et 50 mm.
Dubois (Alphée)....	Médaille décernée aux artistes peintres dans les Salons. — (Les Bergers d'Arcadie.) — 70, 60 et 50 mm. (Revers lisse.)
—	Inauguration du monument de Victor Cousin. — 81 mm.
—	Proclamation de la République. — 80 mm.
—	Leverrier. — 68 mm.
—	Wurtz. — 68 mm.
Dubois (Henri).....	Congrès internationaux. — 63 mm.

(1) *Livraison et expédition.* — Les médailles fabriquées sont *délivrées* au bureau de vente de la Monnaie, de 9 heures à 3 heures, tous les jours, dimanches et fêtes exceptés.

Elles sont *expédiées* en dehors de Paris contre remboursement, à moins que les intéressés n'en fassent parvenir le prix d'avance à l'Administration en un mandat-poste, en billets de banque ou en chèques sur Paris. Les frais d'emballage, les timbres divers et le port sont à la charge du destinataire. L'expédition peut être faite par la poste ou par le service des colis postaux, à condition que le poids du colis et la valeur du remboursement ne dépassent pas les conditions réglementaires.

(2) Cette liste ne donne qu'une idée incomplète des encouragements accordés par l'État à la gravure en médailles; outre les coins qui s'y trouvent désignés, le Ministère des Beaux-Arts en a fait établir d'autres, qui ne sauraient, en raison de leur destination officielle, être mis à la disposition des amateurs.

DUPUIS (Daniel)..... Médaille des expositions des Beaux-Arts en province. — 72 mm.
— ..... Centenaire de la Révolution. — 75 mm.
— ..... L'Alliance française. — 68 et 50 mm.
LAGRANGE.......... Médaille donnée aux sculpteurs dans les Salons. (Milon de Crotone.) — 70, 60 et 50 mm. (Revers lisse.)
— .... Médaille commémorative de l'inauguration de l'Opéra. — 75 mm.
— .... La loi du 28 mai 1882 sur l'enseignement obligatoire. — 70 mm.
LEVILLAIN.......... **La Terre.** — 70 mm.
MOUCHON........... Lazare Carnot. — 68 mm.
NAUDÉ............. Les Concours de tir. — 50 et 36 mm.
OUDINÉ............ Le Plébiscite du 8 mai 1870. — 72 mm.
— .... Au Progrès des connaissances humaines. (Minerve.) — 72 et 50 mm.
PATEY.............. **La Direction des ballons.** — 72 mm.
— .... Le sculpteur Barye. — 68 mm.
PONSCARME......... L'inauguration du musée européen. — 41 mm.
ROTY.............. L'Art appliqué à l'Industrie. — 81 mm.
— .... Gambetta. — 68 mm.
— .... **La Jeunesse française à Chevreul.** — 68 mm.
— .... **L'Enseignement secondaire des jeunes filles.** — 68 mm.
— .... L'Union franco-américaine. — 68 mm.
SOLDI.............. A la mémoire des victimes de l'invasion. — 70 mm.
— .... Le Cinquantenaire de la photographie. — 68 mm.
— .... Médaille de l'Association générale des étudiants. — 70 mm.
VERNIER........... Médaille commémorative de l'inauguration du monument de Gambetta. — 70 mm.
VERNON............ Le centenaire de Valentin Haüy. — 50 mm.

LISTE II

***Médailles contemporaines dont les coins appartiennent* à l'Administration des Monnaies (1).**

NOTA : C. H. signifie *Collection Historique*.

BARRE (A.).......... J.-B. Dumas. — 60 mm. (C. H.).
— .... Exposition de 1878 (Buste de République et inscriptions). — 30 mm. (C. H.)
— .... Buste d'Esculape. — 34 et 32 mm. (C. H.)
BORREL (A.)......... Pierre Corneille. — 50 mm. (C. H.)
— .... Justice. — 50 mm.
— .... Gymnastique. — 50, 41 et 32 mm.
— .... Exposition de 1889. — Régie des monnaies. — 33 mm. (C. H.)
BOTTÉE............ Exposition de 1889. — 50 mm. (C. H.)
— .... **A la Science.** — 50 mm.
CHAPLAIN........... Ampère. — 50 mm. (C. H.)
— .... Sapeurs-pompiers (sans revers spécial). — 50 mm.

(1) L'Administration des Monnaies se propose d'éditer, à partir de 1898, les médailles intéressantes dont les coins lui seront confiés; ces œuvres subiraient une majoration de prix égale à 25 % du coût de la médaille en bronze (tarif de la Monnaie). ladite majoration représentant le droit alloué à l'artiste sur chaque pièce vendue. — Voir *Rapport du budget annexe des monnaies et médailles* (exercice 1898), par M. Cros-Bonnel, député, p. 18-24.

CHAPLAIN...........	Canal de Suez. — 41 mm. (C. H.)
—	**Minerve.** — 68 mm.
—	Maréchal de Mac-Mahon, président de la République. — 68 mm. (C. H.)
—	**Casimir-Périer**, président de la République. — 68 mm. (C. H.)
—	Visite de LL. MM. II. de Russie en France. 70 mm. (C. H.)
DEGEORGE..........	**Élevage de la race chevaline.** — 68 et 41 mm.
DUBOIS (Alphée)....	**Analyse des protubérances solaires.** — 68 (C. H.)
—	Découverte de la centième planète. — 68 mm. (C. H.)
—	Sapeurs-pompiers. — 57, 50, 45, 41, 36, 32 et 27 mm.
—	Géographie (sans revers spécial). — 50, 45, 41 et 32 mm.
—	Centenaire de Napoléon Ier (sans revers). — 100 mm. (C. H.)
—	Horticulture. — 57, 50, 36, 32, 27 mm.
—	Carnot, président de la République. — 68 mm. (C. H.)
DUBOIS (A.) (pour le revers) et LAGRANGE	Exposition de 1878. — 50 mm. (C. H.)
DUBOIS (Henri)......	Génie supportant un cartouche. — 50 mm.
DUPUIS (Daniel)....	Grévy, président de la République. — 68 mm. (C. H.)
—	Emprunt national de 1871. — 72 mm. (C. H.)
—	**Cérès.** — 32 et 34 mm.
—	**Exposition de** 1889. 50 mm. (C. H.)
—	**République française.** — 68, 50, 45, 41, 36, 32 et 27 mm.
LAGRANGE..........	Boïeldieu. — 50 mm. (C. H.)
—	Le Dessin. — 50, 41, 36 et 32 mm.
—	Le Semeur. — 57, 50, 45, 41, 36, 32 et 27 mm.
MOUCHON...........	**Souvenir.** — (*Cette plaquette est vendue hors tarif : argent, 8 fr.; bronze argenté, 6 fr.; bronze, 4 fr.*)
OUDINÉ.............	La Bienfaisance. — 50 mm.
—	Chaptal. — 50 mm. (C. H.)
—	Chérubini. — 50 mm. (C. H.)
—	République. — 50 mm.
—	Le Sauvetage. — 50 mm.
—	J.-B. Say. — 50 mm. (C. H.)
—	Thiers, président de la République. — 68 mm. (C. H.)
ROTY...............	**Médaille de mariage.** — 41 mm. (*Cette médaille se vend hors tarif au prix de 10 fr. en argent; on ne la frappe pas en bronze.*)
VERNON.............	Cyclisme. — 50 mm.

Le prix des médailles varie selon le module, selon la nature du métal et selon que les coins appartiennent soit au ministère des Beaux-Arts, soit à l'une ou à l'autre des séries éditées par la direction des Monnaies [1° *Coins de l'Administration* et 2° *Coins de la Collection Historique*] (1); ce prix est établi d'après un tarif fixe en ce qui concerne le bronze, *ap-*

(1) Cette différence vient de ce que l'entretien des coins appartenant à la Monnaie incombe à cette administration, tandis que le ministère des Beaux-Arts prend à sa charge la réfection des coins qui sont sa propriété.

MODULES	OR		ARGENT		VERMEIL (ARGENT DORÉ)		BRONZE		
	COINS de l'Administration des Monnaies.	COINS des particuliers et du ministère des Beaux-Arts.	COINS de l'Administration des Monnaies.	COINS des particuliers et du ministère des Beaux-Arts.	COINS de l'Administration des Monnaies.	COINS des particuliers et du ministère des Beaux-Arts.	COINS de la Collection Historique[1]	COINS de l'Administration des Monnaies.	COINS des particuliers et du ministère des Beaux-Arts.
	fr. c.	fr. c.	fr. c.	fr. c.	fr. c.	fr. c.	fr. c.	fr. c.	fr. c.
95 millimètres		»	55 65	53 55	64 65	62 55	15 00	12 75	6 80
90 —	»	»	51 70	49 75	60 20	58 25	13 00	11 05	5 95
86 —	»	»	47 70	45 90	55 70	53 90	11 50	9 80	5 20
81 —	»	»	44 55	42 85	52 05	50 35	10 00	8 50	4 45
75 à 77 —	»	»	41 35	39 80	48 35	55 35	9 00	7 65	4 05
70 à 72 —	»	»	38 20	36 75	44 70	43 25	8 00	6 80	3 60
68 — (minimum des prix)	849 40	840 30	23 85	23 00	29 85	29 00	6 50	5 55	3 00
57 —	495 50	490 20	14 35	13 80	19 35	18 80	4 75	4 05	2 15
50 —	336 25	332 65	10 35	9 95	14 35	13 95	3 00	2 55	1 30
45 —	297 30	294 10	7 95	7 65	11 45	11 15	2 65	2 25	1 15
41 —	198 20	196 10	6 05	5 85	9 05	8 85	2 25	1 90	0 85
36 —	99 10	98 05	3 50	3 40	6 00	5 90	1 50	1 30	0 65
32 —	84 95	84 05	2 55	2 45	4 55	4 45	1 25	1 05	0 50
27 —	49 55	49 00	1 60	1 55	3 60	3 55	1 00	0 85	0 35

(1) Le prix des médailles frappées avec les coins de la *Collection Historique* diffère, *pour le bronze seulement*, du prix des médailles frappées avec les coins de l'Administration des Monnaies.

proximatif en ce qui concerne l'or, l'argent et le vermeil (1). (Voir le tarif page 50.)

Est-il besoin de remarquer qu'aux yeux de l'amateur le prix de la matière importe peu (2)? L'intérêt d'une médaille est dans sa qualité d'art, dans la beauté de l'invention et l'agrément du travail; le choix du métal ne mérite de préoccuper qu'en ce qu'il contribue à faire plus ou moins valoir l'œuvre du médailleur; par exemple, le talent robuste et rude de M. Chaplain s'accommode du bronze, tandis que l'argent ou parfois l'or semble mieux convenir au génie délicat, prud'honien de M. Roty; mais c'est là une question d'aspect, et cet aspect la Monnaie arrive à le donner, à peu de frais, aux médailles de bronze par l'argenture ou la dorure. Pour conclure, ***toutes les médailles peuvent être commandées en bronze*** (3); libre à l'amateur de les faire, dans la suite, argenter ou dorer à sa guise, aux conditions suivantes (4) :

	95 millim.	90 millim.	86 millim.	81 millim.	77 millim.	72 millim.	68 millim.	63 millim.
	fr. c.	fr. c.	fr. c.	fr. c.	fr. c.	fr. c.	fr. c.	fr. c.
Dorure..............	9 00	8 50	8 00	7 50	7 00	6 50	6 00	5 50
Argenture...........	3 75	3 50	3 25	3 00	2 75	2 50	2 25	2 00

	59 et 57 millim.	54 et 52 millim.	50 millim.	45 millim.	41 millim.	36 millim.	32 millim. et au-dessous.
	fr. c.	fr. c.	fr. c.	fr. c.	fr. c.	fr. c.	fr. c.
Dorure..............	5 00	4 50	4 00	3 50	3 00	2 50	2 00
Argenture...........	1 75	1 70	1 40	1 00	0 90	0 80	0 70

(1) Les variations proviennent du cours du métal, ou, pour les médailles de même module, du degré de relief de la pièce.

Les médailles en or sont au titre de 916 millièmes, les médailles en argent au titre de 950 millièmes. Ces titres ont été choisis tant pour conserver à chacun des métaux employés son aspect naturel et le rendre moins altérable, que pour les différencier des titres des monnaies. Ils présentent une différence encore plus sensible avec les produits de la bijouterie ordinaire, qui ne sont qu'à 750 millièmes pour l'or et 800 millièmes pour l'argent. Ils sont garantis au public par l'apposition, sur la tranche de la médaille, du poinçon particulier de l'Administration, *une corne d'abondance*, ainsi que du nom, en toutes lettres, du métal employé : *or*, *argent*, *bronze*, *cuivre*, etc.

(2) Il peut en aller différemment si une médaille est offerte à titre de souvenir.

(3) Exceptionnellement, la *médaille de mariage* de M. Roty ne peut être commandée qu'en argent (voir LISTE II).

(4) *Inscription et écrins.* — Certains amateurs désirent que leurs médailles portent au revers l'indication de la collection à laquelle elles appartiennent; il peut arriver, d'autre part, qu'on

Dans les conditions susindiquées, l'achat d'une médaille ne laisse à la charge de l'amateur que les seuls frais d'établissement de l'exemplaire qui lui est destiné; en rétribuant l'artiste pour son travail, l'État a par avance acquitté les droits d'auteur; mais les médailles dont les coins ont été commandés par les administrations publiques, soit à titre commémoratif, soit afin d'encourager l'art de la glyptique, ou encore pour répondre à des besoins divers (récompenses, prix, souvenirs, etc.), ne sauraient, on le conçoit, mériter, *toutes*, une pareille estime; la différence des caractères employés dans la typographie des listes marque à quel point est inégal le degré d'intérêt présenté par ces ouvrages. Aussi ne manquera-t-il pas de collectionneurs pour juger insuffisantes les latitudes offertes par l'État. Si leurs convoitises sont plus ambitieuses, qu'ils s'adressent sans crainte aux artistes : tous possèdent, des médailles qu'ils ont exécutées, plusieurs *épreuves d'auteur;* ils ne s'en dessaisissent pas « selon le tarif de la Monnaie », tant s'en faut; mais la liberté d'un choix sans entrave est un privilège qui vaut son prix; puis, en procédant de la sorte, la possibilité s'acquiert d'ajouter au goût de la médaille frappée celui de la médaille fondue qui possède une séduction d'art peut-être

souhaite attribuer à une médaille une signification spéciale en faisant graver au revers une dédicace ou une inscription commémorative.

Le prix des inscriptions *gravées en creux*, à la main, après la frappe, varie entre 0,06 et 0,125 centimes par lettre, suivant les caractères employés; pour les inscriptions *gravées en relief*, le prix de l'inscription (de trente lettres au maximum) est de 4 fr. 50 pour les médailles de 50 millimètres et au-dessous, et de 5 francs par inscription (de trente lettres) pour les médailles et modules supérieurs à 50 millimètres; les lettres qui excèdent le chiffre de trente lettres prévu se payent à raison de 10 centimes par lettre.

Les médailles de collection sont d'ordinaire placées sous vitrine; l'utilité d'un écrin ne s'impose donc pas; notre désir d'être complet nous fait cependant reproduire ici le tarif (variable chaque année) des écrins que la Monnaie met à la disposition du public :

MODULES.	CARRÉS RICHES, maroquin filets dorés.	CARRÉS MAROQUIN, plats en maroquin, bandes en papier, filets dorés.	CARRÉS MAROQUIN, plats en peau, bandes en papier, filets à froid.	RONDS MAROQUIN, à ressort.	RONDS PEAU maroquinée, à crochet.	RONDS PAPIER chagriné, à crochet.
95 à 90 millim.	6 00	5 40	4 50	3 25	2 00	1 40
89 à 81 millim.	5 50	5 20	4 25	3 00	1 75	1 30
80 à 75 millim.	5 25	4 80	3 70	2 75	1 50	0 90
74 à 68 millim.	5 00	4 60	3 60	2 50	1 25	0 75
67 à 59 millim.	4 70	3 75	3 20	2 25	1 20	0 60
58 à 50 millim.	3 80	3 50	2 80	1 70	1 00	0 50
49 à 27 millim.	3 00	3 50	2 80	1 35	0 80	0 45

1 2 3 4 5 6 7 8

Héliog. & Imp. F. Charreyre

MÉDAILLES FONDUES de MM. PIERRE ROCHE (1). A. CHARPENTIER (2,3,4,5). FRÉMIET (6). PETER (7). MICHEL CAZIN (8).

encore plus forte. Cette fois, à toutes les interrogations, le Luxembourg fournit les réponses nécessaires (1); c'est là que les amateurs devront s'assurer par l'étude et le parallèle les conditions d'un choix favorable.

Voici les œuvres que groupe, dans ses vitrines, à la date du 1er décembre 1897, notre musée des artistes contemporains (2) :

Bottée............	Méd. des récompenses de l'École nationale des arts décoratifs
—	Méd. comm. des guerres du Chili (1879-1884).
—	République française.
—	Méd. de l'inauguration du nouveau port de Calais.
—	Méd. des récompenses pour les écoles de dessin de la ville de Paris.
—	Le progrès dans la fabrication des monnaies.
—	Apollon et Marsyas (méd. pour concours de musique).
—	Médaille de mariage.
—	Méd. des récompenses pour l'Exposition universelle de 1889.
—	Cybèle, Bellone, Diane et Amphitrite.
Bourgeois (Max.)..	La Seine et la Marne.
—	Aux artistes français.
—	République française (médaille d'identité des sénateurs et députés).
—	Méd. comm. de l'élection de Carnot à la présidence de la République.
—	G.-J. Thomas, statuaire.
—	Mgr Allou, évêque de Meaux.
—	Méd. du centenaire de l'École polytechnique.
Cazin (Michel)......	Méd. pour l'orphelinat des arts.
—	Un survivant de la Grande Armée.
—	Pierre-Marie Leprêtre, marin.
—	Un philosophe.
—	Portrait d'enfant.
Chaplain	Méd. comm. des travaux de la commission internat[le] du mètre.
—	Méd. comm. du congrès international des électriciens.
—	Méd. de la Caisse d'épargne de Paris.
—	Méd. de récompense pour les lauréats du Conservatoire de musique et de déclamation.
—	Méd. pour la Société française des habitations à bon marché.
—	Méd. récompense pour la protection des enfants du premier âge.

(1) Des médailles modernes sont également exposées au musée de la Monnaie.

(2) Seules les adresses des médailleurs vivants manquent au catalogue : on les trouvera ci-dessous consignées :

Bottée, 16, rue Fontaine. — Bourgeois (Max.), 103, rue de Sèvres. — Cazin (Michel), 40, rue du Luxembourg. — Chaplain, à l'Institut. — Charpentier (Alex.), 99, boulevard Murat. — Daniel Dupuis, 8, rue des Renaudes. — Dubois (Alphée), 5, rue de Savoie. — Dubois (Henri), 115, boulevard Saint-Michel. — Frémiet, 43, boulevard Beauséjour. — Gilbault, 25, rue de la Collégiale. — Heller, 24, rue Véron. — Lagrange (Jean), 156, boulevard Montparnasse. — Lechevrel, 26, place du Marché Saint-Honoré. — Levillain, 31, boulevard Richard-Lenoir. — Mouchon, 12, rue Erlanger. — Patey, 55, rue du Cherche-Midi. — Peter, 40, rue Dutot. — Roty, 1, rue Mirabeau. — Tasset, 3, rue Séguier. — Vernier, 5 bis, rue Bara. — Vernon, 43, rue de Lille. — Yencesse, 18, rue de la Perle.

CHAPLAIN.......... Prix Osiris, méd. déc. aux ouvriers du Palais des Machines.
— .... Méd. comm. de la donation du château de Chantilly à l'Institut.
— .... Méd. comm. de l'école nationale des arts industriels de Roubaix.
— .... Méd. comm. de la reconstruction de l'hôtel de Ville de Paris.
— .... L'Inspiration.
— .... M. Carnot, président de la République.
— .... Gambetta.
— .... Jules Simon.
— .... Barthélemy Saint-Hilaire.
— .... Henriquel-Dupont.
— .... Paul Baudry.
— .... Gérôme.
— .... J.-P. Laurens.
— .... Cabanel.
— .... Gounod.
— .... Albert Dumont.
— .... Got.
— .... Eugène Guillaume.
— .... M. Zographos.
— .... M. A. Aicard.
— .... Mme Claude.
— .... Mme Raphaël.
— .... Mme S. Gustave Simon, plaquette.
— .... La même (en chapeau).
— .... Marguerite Simon.
— .... Marthe Heuzey.
— .... Mes enfants.
— .... Élie Delaunay.
— .... Léon Bonnat.
— .... Meissonier.
— .... Victor Hugo.
— .... *Juvat scientia laborem.*
— .... Méd. com. de la visite de l'escadre russe à Toulon.
— .... Casimir Périer.
— .... Jules Ferry.
— .... Dr Tillaux.
— .... Charles Hermite.
— .... Joseph Bertrand.
— .... Comte de Franqueville.
— .... Charles Roux.
— .... Louis Legrand, vicaire général, curé de St-Germain l'Auxerrois.
.... Comtesse de Vogüé.
— .... Mlle Bartet.
— .... Marguerite Simon.
— .... Dr Ulysse Trélat, plaquette.
— .... Camille Sée, plaquette.
— .... O. Gréard, plaquette.
— .... Emmanuel Bibesco, plaquette.
— .... Princesse Hélène Bibesco, plaquette.
— .... Hélène et Anna de Brancovan, plaquette.

Chaplain.......... Anna et Germaine, plaquette.
Chapu............. Mlle Massenet.
— .... Émile Trélat.
— .... E. Guillaume, architecte.
— .... Nino Garnier.
— .... Portrait d'homme.
— .... Schnetz.
— .... Aulanier.
— .... Tony Robert-Fleury.
— .... Portrait d'homme (juillet 1864).
— .... Guillaume, sculpteur.
— .... Rouillon.
— .... Ernest Dugit
— .... Gallait.
— .... Mme Robert Fleury.
— .... Delaunay.
— .... Me Launay.
— .... Gibert, paysagiste.
— .... Jeune femme (profil à droite).
— .... Camille Clère.
— .... Alphée Dubois.
— .... Me Lenormant.
— .... Mme A. Mercier.
— .... Mlle Paula Bréton.
— .... Vaudremer.
— .... Auguste Vacquerie.
— .... Méd. comm. de la fondation de l'église du Sacré-Cœur de Montmartre.
— .... La lingère de l'Académie de France à Rome.
Charpentier (Alex.). La Fille au collier, plaquette.
— ..... La Fille à la fleur, plaquette.
— ..... La Musique, plaque de serrure.
— ..... Le Chant, id.
— ..... Faune, patte de plateau.
— ..... Bacchante, id.
— ..... Modèle d'un gaufrage pour la *Vie de Jésus* de J. Tissot.
» pour la carte d'entrée de la *Libre Esthétique*.
— ..... Modèle du timbre sec de l'*Estampe originale*.
— ..... » de l'imprimerie Lemercier.
— ..... Jean et Pierre.
— ..... Edmond de Goncourt, plaquette.
— ..... Camille Pissarro, plaquette.
— ..... Le Dessin, plaquette.
— ..... Méd. comm. de l'élévation de la Tour Eiffel.
Daniel Dupuis..... Méd. comm. de l'Exposition universelle de 1889.
— ..... Renommée, projet de médaille.
— ..... Sagesse et génie, id.
— ..... Méd. de la *Société des artistes français*.
— ..... Victoire, plaquette.
— ..... Sainte Barbe, plaquette pour la Société des mines d'Aniche.

Daniel Dupuis..... L'Histoire.
— ..... Projet de médaille pour la Chambre des députés.
— ..... La Charité, méd. pour le Conseil de surveillance de l'Assistance publique de la Seine.
— ..... Méd. com. de l'Expédition du *Talisman* (Amphitrite entraînant la Science au fond des mers.)
— ..... La Seine, méd. pour le conseil général de la Seine.
— ..... La Ville de Paris protégeant le travail.
— ..... La Musique, méd. de concours du département de la Seine.
— ..... L'Agriculture, méd. de concours du département de la Seine.
— ..... L'Horticulture, plaquette.
— ..... Chloé à la vasque, plaquette.
— ..... Modèle d'un gaufrage pour le menu de *la Marmite*, plaquette.
— ..... Menu particulier de l'auteur, plaquette.
— ..... Le Cardinal de Bonnechose.
— ..... L.-A. Garnier-Pagès.
— ..... L. Cazalas.
— ..... Charles Beauquier, plaquette.
— ..... Mme Beauquier, plaquette.
— ..... Eugène Guillaume, plaquette.
— ..... Jules Janssen.
— ..... J.-A. Déglise, plaquette.
— ..... Ernest Barrias.
— ..... Armand Renaud, plaquette.
— ..... Albert Dupont, plaquette.
— ..... Eugène Mouchon.
— ..... L.-O. Merson.
— ..... Loviot.
— ..... Portrait de l'auteur.
— ..... Émile Durier.
— ..... Lacordaire.
— ..... Laboulbène, plaquette.
— ..... L.-A. Ruau, plaquette.
— ..... Th. Ballu, architecte, plaquette.
— ..... P.-J. Cavelier.
— ..... A. Alphandery.
— ..... Henri Le Roux.
— ..... Roger Marx, plaquette.
— ..... Pierre Seligmann, plaquette.
— ..... Charles Floquet.
— ..... Mme Floquet.
— ..... Maria Deraismes, plaquette.
— ..... Marie Hauser, plaquette.
— ..... Mme Chatelin.
— ..... Mme V.-F. Dupuis.
— ..... Mme Daniel Dupuis, plaquette.
— ..... Mlle Thomas, plaquette.
— ..... Mme Marie Caroline.
— ..... Mme M.-A.-H. Jacquemart.
— ..... Mme Durier.

Hélog. Fillon & Heuse.

Imp. Paul Moglia.

PLAQUETTES et MÉDAILLES de MM. LECHEVREL (1.8.17.) VERNIER (2.4.) DAMPT (3.) LEFEBVRE (5.) FREMIET (6.)
NOCQ (7.9.) MOUCHON (10.) YENCESSE (11.) GARDET (12.13.) JULES CHÉRET (14.16.) A. CHARPENTIER (15.)

Degeorge .... Méd. de réc. pour la *Société des amis des arts de Lyon.*
— .... Méd. de réc. pour l'Élevage de la race chevaline.
— .... Méd. comm. de l'inauguration de l'église de Saint-Pierre de Montrouge.
— .... Méd. à la mémoire des élèves de l'École des Beaux-Arts tués pendant la guerre.
— .... Méd. pour la chambre de commerce de Bordeaux.
— .... Méd. des communications aériennes.
— .... Méd. du service des phares et balises.
— .... Henri Regnault, médaillon.
Dubois (Alphée.)... Chevreul.
— ... Becquerel.
— ... Méd. de réc. pour les Sociétés de géographie.
— ... Méd. comm. du passage de Vénus sur le soleil.
— ... Méd. de réc. pour les Sociétés d'horticulture.
— ... Méd. pour la Société des auteurs et compositeurs dramatiques.
— ... Méd. décernée aux artistes peintres dans les salons.
— ... J. Janssen.
— ... Leverrier.
— ... Congrès de l'enseignement primaire. (M. Gréard.)
— ... Würtz.
— ... J.-B. Dumas.
— ... Pasteur.
— ... Milne-Edwards.
— ... Minerve, jeton.
— ... Méd. de récompense pour les Sociétés hippiques.
— ... Méd. comm. de la fondation du Sacré-Cœur de Montmartre d'après Chapu.
Dubois (Henri.)..... Méd. de récompense pour les sapeurs-pompiers.
— ..... Union des femmes de France.
— ..... Méd. comm. du monument de l'amiral Courbet par Falguière et Mercié.
— ..... Méd. d'après le *Gloria victis* de Mercié.
Frémiet (E.)........ Portrait de chasseur.
Gardet (Antoine.).. Mme Hébert, plaquette.
— .. La Comtesse de Chambrun, plaquette.
Gilbaut............ Jules Valadon.
Heller............ Six modèles gravés de cuillères et fourchettes.
Lagrange (Jean.)... Méd. décernée aux artistes sculpteurs dans les Salons.
— ... Méd. comm. de l'inauguration du Palais de Justice.
— ... Méd. comm. de l'inauguration du nouvel Opéra.
— ... Le Semeur.
Lechevrel......... L'Histoire enregistre les découvertes de l'archéologie, plaquette.
Levillain.......... La mort d'Argus.
— .... La Terre.
— .... Les Quatre Saisons.
— .... La Seine.
— .... La Ville de Paris.
— .... L'Éducation de Bacchus.
— .... Un potier (marque de la manufacture nationale de Sèvres).

Levillain.......... M. l'abbé Beau.
— .... F. Jouffroy, statuaire.
— .... Louis Noël, statuaire.
Mouchon........... La Fondation de l'École Estienne, plaquette.
— .... Orphée, fond de coupe.
— .... A la mémoire de Philippe de Girard, plaquette.
— .... Espérance morte, plaquette.
— .... Apollon berger, plaquette.
— .... Ménélik II, négus d'Abyssinie.
— .... Léon Berteaux, plaquette.
— .... Émile Louvard, plaquette.
— .... Jeanne Mouchon, plaquette.
— .... Mme Simon.
— .... Mlle Carletta Overlino.
— .... René Terrier.
— .... Suzanne Terrier.
Patey.............. Méd. offerte au duc d'Aumale par les habitants de Chantilly, lors de la donation à l'Institut du château de Chantilly.
— .... L'Espérance.
— .... Méd. de la Société nationale des architectes français.
— .... Méd. comm. des expériences sur la direction des ballons.
— .... Albert Decrais.
— .... Louis Pasteur.
Peter.............. L'âge heureux.
— .... Idylle.
— .... Antonin Mercié.
— .... Amédée Bertault.
— .... Édouard Frémy.
— .... Pierre-Paul David d'Angers.
— .... Portrait de religieuse.
— .... Neuf plaquettes, études d'animaux : cheval; gazelle broutant: gazelle; épagneul gordon; Fauvette, chienne d'arrêt; coq; cane et canetons; canard; canard et colimaçon.
— .... Lhermitte.
— .... Dalou.
— .... Puvis de Chavannes.
— .... Maurice Jouenne.
— .... Émile Marchon.
— .... Henner.
— .... Falguière (au revers : Apollon sur Pégase, d'après Falguière).
Roty............... Me Picard.
— .... Méd. offerte au baron de Schikler.
— .... Mme Herbette.
— .... Adolphe Brongniart.
— .... Méd. comm. de la création du chemin de fer de l'Est algérien.
— .... Méd. pour la Compagnie du canal de Suez.
— .... Méd. comm. de l'inauguration de la statue de la Liberté à New-York.
— .... Méd. comm. du Centenaire de Chevreul.
— .... La Peinture.
— .... Méd. offerte à Mme Boucicaut (revers : la Libéralité).

Roty............... Maurice Albert.
— .... Maternité, méd. de naissance.
— .... Méd. comm. de l'Exposition d'électricité.
— .... Paysanne.
— .... Méd. pour l'Assistance publique.
— .... Méd. destinée à la maison d'éducation pénitentiaire d'Auberive.
— .... Méd. comm. de la création des lycées de jeunes filles.
— .... Tête de République.
— .... Méd. off. à M. Bouley par la Société des vétérinaires de France.
— .... Méd. de la Chambre de commerce de Lyon.
— .... L'Amour blessé.
— .... Piet-Lataudrie, plaquette (revers : figurine de Tanagra).
— .... Pierre Boulanger, ferronnier, et son épouse, id.
— .... G. Duplessis, id. (revers : la Gravure).
— .... Les parents de l'auteur, id.
— .... Gosselin, id. (revers : la Chirurgie).
— .... Club Alpin français, id.
— .... L'Étude, id.
— .... Mme la comtesse Caffarelli, id.
— .... Maurice Roty, id. (revers : branche d'églantier).
— .... Portrait d'enfant, id.
— .... Eudoxe Marcille, id.
— .... Portrait de jeune femme, id.
— .... M. de Boissieu, id.
— .... M. et Mme Bigo-Danel, id.
— .... G. A. Hirn, id. (revers : la Science).
— .... Julien Girard, id.
— .... Jules Cambon, id.
— .... Pasteur, id.
— .... Cinquantenaire de la fondation de la maison Christofle, id. (face et revers).
— .... Récompense offerte par l'Académie de Lyon, id.
— .... La Préfecture de police, id.
— .... Fond de coupe (faune et faunesse).
— .... Jeton des membres du Jockey Club de Buenos-Ayres.
— .... Jeton de la Chambre de commerce de Saint-Nazaire.
— .... Bracelet.
— .... Bracelet orné de scènes allégoriques relatives à l'Exposition universelle de 1889.
— .... Jeune femme debout se peignant; (dessus de boîte à miroir).
— .... Modèle d'un peigne diadème.
Tasset............. Hébert, de l'Académie des sciences.
— .... Méd. pour la Société d'encouragement de l'escrime.
— .... Salle des thèses de l'Université d'Orléans.
— .... La Chimie se découvrant à Lavoisier.
— .... Jeton pour la commission des huiles.
Vernier........... Buste de jeune femme, plaquette.
— .... Jeune femme décolletée, 1897.
— .... Portrait d'une femme âgée.
— .... Deux enfants.
— .... Quatre portraits d'enfants.

Vernier............	Portrait d'enfant, ivoire.
—	Jeune femme décolletée, 1894.
—	Jeune garçon, plaquette.
—	Le docteur Brossard, plaquette.
—	Urbain Bouviant, plaquette.
—	Spuller.
—	Conférence internationale ouvrière de Berlin, plaquette.
—	Plaquette en forme de tryptique.
—	A.-J.-E. Gautier, plaquette.
—	Pierre Laffitte, plaquette.
—	J.-J.-M. de Morgan, plaquette.
—	Les trois âges de la vie : la Jeune fille; le Mariage; la Maternité; plaquette.
Vernon............	H. Danger, plaquette.
—	E. Boutry, plaquette.
—	Méd. de la Société des carabiniers de l'Ile-de-France.
—	Clémence de Vernon, plaquette.
—	Ernestine Danjard, id.
—	Armand de Potter.
—	Méd. pour les écoles municipales de dessin.
—	Méd. pour la Société d'horticulture de Montmorency.
—	Société amicale de photographie, plaquette.
—	La Justice.
—	Le Centenaire de la Marseillaise.
—	Souvenir de première communion, plaquette.
—	Le baptême de Clovis.
—	*Galliæ custos honoris vindex.*
Yencesse...........	La première communion, plaquette.

TABLE DES GRAVURES

HÉLIOGRAVURES

SIMILIGRAVURES

TABLE DES MATIÈRES

www.ingramcontent.com/pod-product-compliance
Ingram Content Group UK Ltd.
Pitfield, Milton Keynes, MK11 3LW, UK
UKHW020336180726
13839UKWH00002B/730